AI 전문가 김병완이
전하는
세계 최고 AI 전문가가
되는
111 가지 원칙

김병완

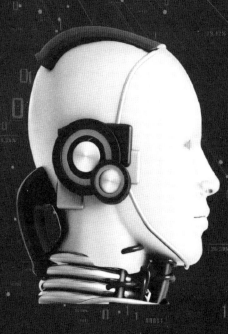

플랫폼연구소

AI 전문가 김병완이 전하는

세계 최고 AI 전문가가 되는 111가지 원칙

부제: 누구나 따라 할 수 있는 실전 AI 성공 전략

대한민국 현실에 맞춘 실전 AI 전문가 로드맵

AI 시대, 소비자가 아닌 창조자가 되어야 할 이유

지금, 우리는 인류 역사상 가장 거대한 전환점 위에 서 있다.

인공지능이라는 이름의 새로운 문명이 눈앞에 펼쳐졌고, 인간은 선택해야 할 시점에 와 있다.
소비자로 남을 것인가, 창조자로 거듭날 것인가에 대한 본질적인 질문이 우리 앞에 있다.

과거의 시대는 지식을 소비하는 자가 힘을 가졌던 시대였다.
하지만 AI 시대는 다르다.

이제는 지식을 창조하고, 콘텐츠를 생산하며, 새로운 가치를 재구성하는 자만이 진짜 주인이 될 수 있다. 왜냐하면 AI는 이미 기억과 속도 면에서 인간을 압도하고 있다. 정보만 소비하고 수동적으로 살아가는 자는 AI에게 반드시 대체될 운명에 처해 있다.

이제는 질문만 던지는 자가 아니라, 스스로 답을 창조

할 수 있는 자가 되어야 한다. 정보를 모으기만 하는 자가 아니라, 콘텐츠를 생산하고 확산시킬 수 있는 자가 되어야 한다. 그렇지 않으면 우리는 거대한 플랫폼 안에서 평생 소비자로만 살아가게 되어 있다.

AI는 단지 도구일 뿐이다.

그러나 그 도구를 제대로 다루려면 인간의 사고력과 상상력, 창의성과 철학이 반드시 필요하다. 결국 이 시대의 주도권은 무엇을 만들고 어떤 가치를 창출할 수 있는가에 달려 있다. 소비자는 늘 기다리고 따라갈 수밖에 없다. 남이 만든 것을 소비하며 살아가는 운명에 놓여 있다. 반면, 창조자는 먼저 움직이고, 앞서가고, 새로운 길을 만들어 간다.

AI 시대에 반드시 창조자가 되어야 하는 이유다. 그것이 이 시대를 살아남는 유일한 길이며, 진정한 주인이 되는 길이기 때문이다.

AI의 물결은 이미 시작되었다. 어떤 이들은 일상에서 자연스럽게 활용하고, 어떤 이들은 그 존재조차 인지하지 못한다. 변화는 조용히 스며들지만, 뒤처진 흔적은 분명하게 남는다. 지금 중요한 것은 정보가 아니라 그것을 바라보는 감각이다.

기술은 누구에게나 개방되어 있다. 하지만 모두가 전문가가 되는 것은 아니다. 같은 도구를 사용해도 결과가 다른 이유는 접근하는 사고방식의 차이 때문이다. 핵심은 '모르기 때문'이 아니라 '어떻게 활용하느냐'에 있다.

많은 사람이 AI를 어렵게 느낀다. 그 이유는 단순하다. 처음부터 '기술'적 관점으로만 접근하기 때문이다. 하지만 진정으로 중요한 것은 그 뒤에 있는 철학, 태도, 방향성이다. AI를 아는 사람보다 AI를 효과적으로 활용하는 사람이 진정한 승자다.

이제는 AI에 끌려갈지, 아니면 AI를 주도할지 선택해야 할 시점이다. AI는 인간의 사고와 표현, 창의력을 확장시키는 도구다. 단순한 지식이 아니라 인식의 확장 수단이다. 공부만으로는 익힐 수 없고, 직접 실천하며 체득해야 한다. 반복을 통해 쌓인 경험이 결국 감각이 되고, 그때부터 진정한 전문가의 길이 열린다.

전문가란 특정 분야에서 지속적으로 문제를 해결할 수 있는 사람이다. 학술적 논문을 읽지 못하거나 코딩을 모르더라도 문제를 해결할 수 있다면 그는 진정한 전문가다. 이 책은 바로 그런 전문가가 되기 위한 111가지 실전 전략을 담고 있다.

지금 가장 중요한 것은 공부가 아니라 방향이며, 실행보다는 의지, 시작보다는 지속이다. 이 책은 당신을 AI의 수동적인 소비자에서 능동적인 창조자로 변화시켜 줄 것이다.

목차

PART 1. 세계 최고의 AI 전문가가 되기 위한 마인드셋 (1~10)

1. AI 기술보다 먼저 갖춰야 할 것

기술은 단순하다. 기술은 그저 중립적인 도구일 뿐이다. 진정으로 중요한 것은 그 도구를 다루는 사람의 태도다. 도구 자체는 중립적이며, 그것을 어떻게 활용하느냐는 전적으로 인간의 선택에 달려 있다. AI는 복잡해 보이지 않는다. 오히려 복잡하게 만드는 것은 사람의 관점과 해석이다.

두려워하는 사람은 기능에 매달리고, 주도하는 사람은 근본 원리를 꿰뚫어 본다. 기술을 두려워하면 기술에 휘둘리지만, 기술을 이해하면 기술을 이끌 수 있다. AI에서는 이론보다 실제 적용이 더 중요하며, 구조보다는 접근 태도가 핵심이다.

알고리즘을 완벽히 알지 못해도 통찰력이 있다면 전문가가 될 수 있다. 지금 당신에게 필요한 것은 프로그램이 아니라 철학이다. 기술을 어떤 가치로 활용할 것인지를 먼저 고민해야 한다. 배우는 것보다 더 중요한 것은 스스로 변화하는 것이다. 습관을 바꾸지 않으면 AI는 단순한 '신기한 장난감'에 불과하다.

단순히 눈으로 보지 말고 직접 손으로 만져보아야 한다. 생각만 하지 말고 즉시 실험해야 한다. AI는 머리로 이해하기보다 몸으로 체득하는 것이다. 기술을 익히는 사람과 기술을 뛰어넘는 사람은 근본적으로 다르다. 익힌 사람은 따라가고, 넘어서는 사람은 새로운 것을 만든다.

당신이 AI를 이해하는 수준은 곧 세상을 변화시키는 능력과 직접적으로 연결된다. 우리는 이미 수많은 기술에 둘러싸여 살아가고 있다. 하지만 그 기술을 진정으로 주도하는 사람은 극소수다. 같은 기술 앞에서 어떤 이는 미래를 창조하고, 어떤 이는 그저 소비만 한다.

그 차이를 만드는 것은 오직 마인드셋뿐이다. 올바른 태도는 어떤 기술보다 더 강력한 무기다. AI는 사람을 대체하는 것이 아니라, 오히려 사람의 본질을 시험한다. 수동적인 사용자는 쉽게 대체될 수 있지만, 통찰력 있는 사용자는 절대로 대체되지 않는다.

AI를 단순한 트렌드로 바라본다면 그것은 일시적인 현상에 불과하다. 하지만 AI를 삶을 변화시키는 근본적인 힘으로 인식한다면, 그것은 진정한 혁신이 된다. 기술을 바라보는 시선의 깊이에 따라 그 기술의 가치와 의미가 달라진다.

기술은 정직하다. 흔들리는 태도를 가진 사람에게는 어떤 결과도 제공하지 않는다. 반면 확고한 태도를 가진 사람에게는 무한한 기회와 가능성을 열어준다. 진정한 전문가란 단순히 기술을 익히는 것이 아니라, 그 기술을 완전히 통제할 수 있는 사람이다.

AI는 당신을 위협하지 않는다. 당신의 무지와 두려움만이 당신을 위협할 뿐이다. 따라서 오늘, 기술을 공부하기에 앞서 먼저 자신을 돌아봐야 한다. 나는 지금 어떤 태도로 이 시대를 마주하고 있는가?
이것이 바로, 기술보다 먼저 갖춰야 할 가장 중요한 조건이다.

2. 빠르게 배워야 할 것이 아닌, 깊게 깨달아야 할 것

많은 사람이 기술을 배울 때 가장 먼저 하는 실수는 속도를 우선시하는 것이다. 최대한 빨리 익히고, 빨리 써먹으려 한다. 그러다 보면 기술은 '쓸 수는 있지만 모르는 것'이 된다. 겉은 따라 하지만, 안은 비어 있다. 그러면 새로운 상황이 닥치면 무너진다. 왜냐하면 깊이가 없기 때문이다.

깊게 깨달은 사람은 환경이 변해도 원리를 응용할 수 있다. 변화가 두렵지 않다. 기술이 바뀌는 건 문제가 되지 않는다.

핵심은 속도가 아니라 구조다. 기술은 계속 바뀌지만 본질은 바뀌지 않는다. 본질을 잡은 사람은 무엇이 와도 중심을 잃지 않는다.

속도로 접근하면 따라잡기 바쁘다. 그러나 깊이로 접근하면 흐름을 선도할 수 있다. 겉만 익히면 툴에 의존하게 된다. 하지만 원리를 꿰뚫으면 어떤 툴도 내 손안에 있다. 도구에 끌려가지 않기 위해서는 먼저 '왜'

를 이해해야 한다. '어떻게'보다 '왜'를 먼저 묻는 태도가 필요하다.

AI는 외우는 기술이 아니다. 사유하는 기술이다. 이해 없이 반복하면 기계는 늘지만 사고는 퇴화한다. 진짜 전문가는 기능을 설명할 수 있는 사람이 아니라, 그 배경을 통찰하는 사람이다.

설명하지 못하는 이해는 이해가 아니다. 따라는 할 수 있지만, 그건 진짜가 아니다. 지식은 외울 수 있지만, 깨달음은 체화되어야 한다. 체화는 느리지만 강력하다. 한 번 몸에 배면 쉽게 사라지지 않는다. 빠르게 외운 건 빠르게 잊힌다.

그러니 속도로 이기려 하지 말고, 깊이로 살아남아라. 이해는 흘러가는 것이 아니라 쌓이는 것이다. 쌓인 이해는 연결된다. 연결된 사고는 창의로 이어진다. 창의는 응용의 힘이다.

AI 시대에 진짜 전문가란, 창의적으로 응용할 줄 아는 사람이다. 그리고 그 창의력은 '깊이에서만' 나온다. 정보가 넘치는 시대다. 그러나 진짜 희귀한 건 정보가 아니라 통찰이다. 통찰은 맥락을 보는 눈이다. AI는 문장을 만들지만, 의미를 부여하진 못한다.

그 의미는 인간만이 줄 수 있다. 그 힘은 속도에서 나오지 않는다. 오직 깊이에서만 나온다.
그러니 조급해하지 말아라. 지금은 '얼마나 빨리'가 중요한 시대가 아니다. '얼마나 정확히' '얼마나 본질적으로'가 중요한 시대다.

깊이 있는 사람이 결국 방향을 결정한다.

기술은 점점 자동화된다. 기능은 누구나 쓸 수 있게 된다. 그러나 통찰은 자동화되지 않는다. 본질을 꿰뚫는 눈은 쉽게 주어지지 않는다. 그것이 전문가를 만드는 마지막 차별점이다.

3. AI 시대에도 인간이 필요한 이유

AI는 정교한 계산을 수행한다. 하지만 그 계산의 결과에 대한 책임은 언제나 사람에게 있다. AI는 답을 제시할 수 있지만, 그 답의 옳고 그름을 판단하지 못한다. 판단은 전적으로 인간의 몫이다. 기계는 데이터에 기반해 결정을 내리지만, 인간은 맥락과 가치를 고려해 선택한다. 같은 조건에서도 사람은 각기 다르게 반응한다. 이는 우리가 기계가 아닌 고유한 존재이기 때문이다.

기계는 피드백을 통해 최적화를 학습한다. 반면 인간은 실패를 통해 깊은 의미를 찾아낸다. 그리고 그 의미를 서로 나누며 사회를 형성한다. 기술은 논리로 작동하지만, 인간은 서사를 통해 살아간다.

AI는 감정을 모방할 수 있으나, 진정한 감정은 가질 수 없다. 공감은 단순한 코드로 구현될 수 없다. 진정한 이해는 고통을 직접 경험한 사람만이 할 수 있다. 경험은 어떤 학습보다 더 깊고 의미 있다.

윤리 역시 마찬가지다. AI는 규칙을 준수할 수 있지만, 윤리는 상황에 대한 깊은 통찰을 요구한다. 단순히 옳고 그름을 넘어, '더 인간적인 것'을 판단하는 능력은 오직 인간에게만 있다. 기술은 우리에게 더 많은 가능성을 제공하지만, '무엇을 해야 하는가?'에 대한 기준은 오직 사람만이 세울 수 있다. 기술 자체는 중립적이지만, 그것을 사용하는 사람은 결코 중립적일 수 없다.

세상을 변화시키는 것은 기술이 아니라 기술을 다루는 인간의 의식이다. AI 시대일수록 인간의 철학적 사고는 더욱 중요해진다. AI는 선택지를 확장하지만, 최종 선택은 여전히 인간의 몫이다.

결국 기술이 아무리 발전해도 인간의 역할은 사라지지 않는다. 오히려 그 중요성은 더욱 분명해진다. 중요한 것은 기계가 못하는 것을 찾는 것이 아니라, 인간이 '반드시 해야 하는 것'을 회복하는 것이다.

4. 두려움과 기회는 동시에 존재한다.

AI를 처음 접하는 대부분의 사람은 불안감을 느낀다. 익숙한 방식을 변화시키는 일은 언제나 두렵기 마련이다. 지금까지 쌓아온 것들을 잃을 수 있다는 두려움 때문이다. 변화는 위협처럼 다가온다. 하지만 두려움의 근원은 무지에 있다. 제대로 알지 못하면 상상으로 채우게 되고, 그 상상은 대부분 부정적이다. 그래서 제대로 이해하면 두려움은 줄어들고, 실제로 경험해 보면 기회가 보이기 시작한다.

기술은 두려워해야 할 대상이 아니라, 적극적으로 다루어야 할 자원이다. 피한다고 해서 멀어지지 않는다. 오히려 더 빠르게 다가올 뿐이다. AI는 멈추지 않으며, 우리가 피한다고 해서 그 속도가 늦추어지지 않는다.

용기란 두려움이 없는 상태가 아니라, 두려움을 극복할 수 있는 힘이다. 두려움을 느끼면서도 행동할 수 있는 사람만이 새로운 가능성을 경험할 수 있다. 망설이다 보면 기회는 다른 이에게 넘어가 버린다.

기회는 언제나 위기의 이면에 숨어 있다. 위기의 본질을 꿰뚫어 보면 그 안에서 돌파구를 발견할 수 있다. 위축된 마음은 가능성을 보지 못하게 한다. 열린 태도만이 새로운 문을 열 수 있다. 처음에는 누구나 두렵다. 하지만 익숙함은 도전 속에서 생겨난다. 한 번 경험한 사람은 두 번째를 두려워하지 않는다. 반복은 두려움을 줄이고 자신감을 키운다.

AI도 마찬가지다. 겉으로 보기에는 복잡해 보이지만, 직접 사용해 보면 그 원리가 의외로 단순하다는 것을 알게 된다. 두려움에서 비롯된 장벽은 실제보다 훨씬 더 높다. 그 장벽은 오직 실천을 통해서만 무너뜨릴 수 있다.

가장 먼저 실천한 사람이 주도권을 잡는다. 가장 늦게 움직인 사람은 변화의 뒤를 쫓기에 바쁘다. 지금은 두려움을 핑계 삼을 시간이 아니다. 행동 그 자체가 곧 경쟁력이다.

5. 평균적인 사람도 AI 전문가가 될 수 있는 구조

AI는 더 이상 소수 전문가만의 전유물이 아니다. 지금은 누구나 쉽게 접근할 수 있는 시대다. 복잡한 코드나 영어 실력 없이도 시작할 수 있다. 필요한 도구와 환경은 이미 충분히 마련되어 있다. 중요한 것은 개인의 배경이 아니라 학습에 대한 태도다. 전공보다 더 중요한 건 실행력이다. 처음부터 완벽할 필요도, 모든 것을 알아야 할 필요도 없다. 배우면서 점진적으로 발전하면 된다.

노코드 도구들이 빠르게 진화하고 있어 이제는 몇 번의 클릭으로 AI를 활용할 수 있다. 핵심은 '능력'보다 '의지'다. 기술적 진입 장벽은 낮아졌지만, 심리적 장벽은 여전히 높게 느껴진다.

누구나 시작은 할 수 있지만, 모두가 계속 이어가지는 않는다. 평범한 사람도 꾸준함만 있다면 비범해질 수 있다. 기술은 반복을 통해 자연스럽게 익숙해진다. 매일 작은 한 걸음씩 나아가면 충분하다.

전문가란 완벽한 사람이 아니라 오래 지속한 사람이다. 지식보다 꾸준함이, 재능보다 끈기가 더 큰 변화를 만든다. AI 학습도 마찬가지다. 남들과 비교하기보다는 어제의 자신보다 나아지는 것이 중요하다.

배움에는 특별한 자격이 필요 없다. 오히려 '아직 부족하다'라는 겸손한 태도가 배움의 첫걸음이다. 미리 자격을 갖추고 시작하는 게 아니라, 시작하면서 자연스럽게 자격을 만들어 간다.

가장 평범한 사람이 가장 성실하게 반복할 때, 가장 큰 변화를 만들어낼 수 있다. AI는 특별한 사람만을 위한 기술이 아니다. 바로 지금의 당신을 위해 준비된 도구다.

6. 기술은 빠르지만, 사람은 천천히 성장한다.

기술은 하루가 다르게 급속도로 발전한다. 매달 새로운 모델이 쏟아져 나오고, 끊임없이 혁신적인 기능들이 추가된다. 하지만 인간의 성장 속도는 그렇지 않다. 사람은 새로운 것에 익숙해지는 데 시간이 필요하다.

기술은 단순한 업그레이드로 진보하지만, 인간은 반복과 성찰을 통해 진정한 성장을 이룬다. 같은 것을 거듭 반복해야 비로소 진정으로 자기 것이 된다. AI가 빠르다고 해서 사람도 그만큼의 속도를 따라갈 필요는 없다.

기술의 속도에 무조건 쫓기지 마라. 사람에게는 고유한 성장 속도가 있다. 그 속도가 느릴지라도 절대로 약하지 않다. 깊이 있게 이해한 것은 쉽게 흔들리지 않는다.

하루에 한 걸음을 걷더라도, 1년이면 그 걸음은 총 365걸음이 된다. 꾸준함은 단기간의 급격한 속도를 능가한다. 천천히라도 계속 나아가는 사람이, 멈춰 있는 사람보다 훨씬 더 멀리 간다.

성장의 과정은 당장은 눈에 보이지 않을 수 있다. 그러나 매일의 작은 실천은 분명 축적되고 있다. 눈에 띄지 않는 변화가 쌓이다 보면 어느 순간 자신의 체질이 바뀐다. 그때 비로소 자신의 변화를 실감하게 된다.

기술을 단순히 익히는 것보다 중요한 건 그 기술을 자기 삶에 자연스럽게 녹여내는 것이다. 겉으로만 흉내내는 학습은 오래가지 못한다. 일상에 진정으로 통합시킨 사람만이 기술을 진정으로 소화해 낸 것이다.

지금 당신이 느리다고 느껴질 수 있다. 그러나 포기하

지 않고 꾸준히 나아간다면, 언젠가는 반드시 목표에 도달한다. 성장은 갑자기 빠르게 오는 것이 아니라, 어느 날 문득 이미 도착해 있는 것이다.

7. AI를 '잘 쓰는 사람'의 사고방식

인공지능을 잘 다룬다는 건, 도구의 기능을 완벽히 숙지하는 걸 의미하지 않는다. 중요한 건 '무엇을 할 수 있는가?'보다 '무엇을 상상할 수 있는가?'다. 기술은 도구지만, 문제를 정의하고 질문을 던지는 건 인간의 몫이다.

AI와 인간의 차이는 창의성과 맥락 인식에서 시작된다. AI는 데이터를 토대로 예측하지만, 인간은 직관과 통찰로 방향을 잡는다. AI를 잘 쓰는 사람은 기술보다 질문을 먼저 훈련한다. 질문이 정확하면, 답은 반드시 가까이에 있다.

세상의 변화를 예민하게 감지하는 사람일수록, AI를 빠르게 받아들인다. 그러나 이들은 기술에 매몰되지 않는다. 오히려 기술을 통해 '사람'을 더 잘 이해하려 한다.

하버드 경영대학원 교수인 에이미 에드먼슨은 이렇게 말했다. "복잡한 시대일수록 지식보다 질문이 중요하다." 질문하는 법을 아는 사람이 AI를 이끈다.

문제를 해결하려는 태도도 다르다. 실패를 두려워하지 않고, 작은 실험을 반복한다. 완벽한 결과보다, 빠른 피드백을 더 중요하게 여긴다. 실행 속에서 배우고, 배움 속에서 방향을 정한다.

AI는 정답을 주지 않는다. 방향을 제시할 뿐이다. 선택은 언제나 인간의 몫이다. AI를 잘 쓰는 사람은 기술에 의존하지 않는다. 기술과 동행할 뿐이다.

과거의 경험에 얽매이지 않고, 지금 눈앞에 펼쳐진 가능성에 반응한다. 이들에게 AI는 미래를 여는 열쇠가 아니라, 오늘의 문제를 푸는 손전등이다.

기술을 이기는 사람은 없다. 그러나 기술을 뛰어넘는 사고는 존재한다. 그것이 바로, AI를 잘 쓰는 사람의 사고방식이다.

8. AI 전문가의 시작은 '호기심'이다

전문가는 처음부터 전문가가 아니다. 시작은 언제나 질문 하나에서 비롯된다. '이건 왜 이렇게 작동하는 걸까?' '내가 해볼 수 있을까?' 그 질문이 호기심 이다.

AI도 마찬가지다. 방대한 기술과 용어에 압도당하기 전에, 단 하나의 물음이 있어야 한다. 왜 지금, AI인가?

호기심은 지식의 문을 여는 열쇠다. 학습은 지겨울 수 있지만, 호기심은 지루하지 않다. MIT 미디어랩의 설립자 니콜라스 네그로폰테는 "호기심은 학습보다 강하다"고 말했다.

AI 분야에서 두각을 나타내는 사람들의 공통점은 지능이 아니라 질문이다. ChatGPT가 무엇을 할 수 있을지, Midjourney가 어떻게 그림을 그리는지, 그저 쓰는 것이 아니라 그 원리를 알고 싶어 한다.

'이게 가능한가?'라는 단순한 궁금증이 책을 읽게 하고, 코드를 만지게 하고, 실습을 반복하게 만든다. 누가 시켜서 하는 공부는 오래가지 못하지만, 스스로 묻는 말은 지치지 않는다.

호기심은 실패 앞에서도 물러서지 않는다. 오히려 더 많은 질문을 만들어낸다. 왜 실패했는가? 어떻게 하면 다시 시도할 수 있을까? 이 과정에서 지식은 자연스럽게 따라온다.

AI 전문가가 되는 길은 지식의 양보다 질문의 질에 달려 있다. 복잡한 개념을 단순하게, 낯선 기술을 친숙하게 만드는 건 모두 호기심의 힘이다.

그러니 거창한 동기가 없더라도 괜찮다. 단 하나의 물음이 있다면, 그 길은 이미 시작된 것이다.

9. 완벽한 준비보다 작은 실행이 먼저다.

많은 이들이 준비가 끝나야 시작할 수 있다고 믿는다. 그러나 현실은 언제나 반대다. 준비는 끝나지 않는다. 시작이 준비를 완성한다.

AI 분야는 특히 그렇다. 기술은 빠르게 변하고, 완벽한 정보는 존재하지 않는다. 기다리면 더 멀어진다. 움직이면 가까워진다.

작은 실행이 쌓이면 방향이 보인다. 생각만으로는 얻을 수 없는 통찰이, 행동 안에는 숨어 있다. Harvard Business Review 2022년 보고서도 강조했다. "AI 기술 내재화는 '실행 중심 학습'에서 가장 빠르게 진행된다. "

첫 시도는 미숙할 수밖에 없다. 그러나 그 미숙함 안에 배움이 있다. 어떤 오류도 실행에서 얻은 것이기에 값지다.

계획은 중요하지만, 실행이 없으면 무용지물이다. 반면, 서툰 실행은 개선할 수 있다. 개선은 반복을 전제로 한다. 반복은 출발을 전제로 한다.

AI 실습, 도구 사용, 간단한 실험부터 시작하라. 튜토리얼을 따라 해보는 것만으로도 사고가 전환된다. 일단 해보는 사람만이 다음 질문을 가질 수 있다.

완벽을 기다리다 기회를 놓치는 것보다, 부족하더라도 움직이는 쪽이 더 멀리 간다. 지금의 실행이 미래의 전문성을 만든다.

시작이 먼저다. 준비는 그 뒤를 따른다.

10. 전문가의 기준은 지식이 아니라 영향력이다.

많은 사람이 착각한다. 전문가란 지식이 많은 사람이라고. 하지만 시대는 달라졌다. 정보는 검색으로 얻을 수 있지만, 영향력은 살아 있는 사람이 만든다.

전문가를 구분 짓는 건 지식의 양이 아니다. 그것을 '어떻게 쓰느냐'다. 지식은 개인의 소유지만, 영향력은 타인과의 연결이다.

인공지능 시대엔 더더욱 그렇다. 기술은 빠르게 공유

되고, 모방한다. 그러나 특정한 사람의 관점과 해석은
쉽게 복제되지 않는다.

MIT 슬로언 경영대학원의 2023년 연구에 따르면, AI
분야에서 영향력이 큰 인물은 기술력보다 '지식의 전
달력'과 '실행 촉진 능력'에서 높은 평가를 받았
다.

전문가는 자신을 스스로 드러내는 사람이다. 글을 쓰
고, 말하고, 기록하며 자신의 관점을 세상에 전달한다.
단순한 설명이 아니라, 통찰과 방향을 함께 제시한다.

기술적 정확함보다 중요한 건, 사람들이 따라가고 싶
어지는 방향성이다.

지식을 많이 쌓았어도, 혼자만 알고 있다면 전문가가
아니다. 영향력이란 결국, 남의 인생에 긍정적인 변화
를 일으키는 힘이다.

당신이 아는 것을 세상은 아직 모른다. 그것을 나누는
순간, 당신은 이미 전문가다.

PART 2. AI의 흐름과 본질을 꿰뚫는 인사이트
(11~20)

11. 인공지능의 역사와 현재 기술 수준

인공지능은 1956년, 미국 다트머스 대학의 존 매카시
가 제안한 하나의 학문적 실험에서 시작되었다. 이 회
의에서 AI라는 단어가 처음 등장했다. 인간처럼 생각
하는 기계를 만들겠다는 선언이었다.

하지만 현실은 느리고 복잡했다. 1970년대와 80년대,
기대는 컸지만, 기술은 따라가지 못했다. 'AI의 겨
울'이라 불리는 침체기가 반복되었다.

변화는 2012년, 토론토대 제프리 힌튼 연구팀이 '이
미지넷' 대회에서 딥러닝으로 압도적 성능을 내며 시
작되었다. 이 사건은 인공지능 부활의 신호탄이었다.

2016년 알파고가 이세돌을 이긴 순간, AI는 연구실의
언어에서 대중의 언어로 이동했다. 기술이 아닌 존재
감이 바뀐 것이다.

이후 OpenAI, Google DeepMind, Meta AI 같은 기관들이 거대한 모델들을 경쟁적으로 개발했다. GPT-3, GPT-4는 언어의 경계를 허물고 있다.

현재의 AI는 분명 강력하지만, 아직 인간의 맥락 인지력에는 미치지 못한다. 창의성, 윤리, 판단은 여전히 인간의 영역이다.

미국 국립과학재단(NSF)은 2023년 보고서에서 "AI는 전문가 수준의 판단을 모방하지만, 이해는 하지 못한다"라고 했다. 지금은 '정확함'보다 '설득력'에 가까운 단계다.

앞으로의 발전은 자율성과 책임성, 그리고 인간 중심 설계에 달려 있다. 기술의 진보는 결국 인간의 철학을 따라간다.

12. 기계학습과 딥러닝의 개념 차이

기계학습은 인공지능의 한 갈래다. 데이터를 주면, 기계가 스스로 패턴을 찾고 예측하는 기술이다. 사람이 일일이 규칙을 코딩하지 않아도 된다.

딥러닝은 기계학습의 하위 개념이다. 인공신경망을 깊게 쌓아 복잡한 문제를 스스로 해결하게 만든다. 인간의 뇌 구조에서 착안한 방식이다.

기계학습은 입력값과 출력값 사이의 관계를 찾는 데 능하다. 반면 딥러닝은 특징을 스스로 학습해 내는 데 강점이 있다. 즉, 전자는 사람이 설계한 특징을 쓰고, 후자는 특징 자체를 기계가 만든다.

예를 들어, 고양이 사진을 분류한다고 하자. 기계학습은 '귀의 길이', '눈의 간격' 같은 특징을 사람이 알려줘야 한다. 딥러닝은 수천 장의 사진을 보고 스스로 그 특징을 추출한다.

그래서 딥러닝은 더 많은 데이터와 더 강력한 연산 능력이 있어야 한다. 성능은 뛰어나지만, '왜 그렇게 판단했는가?'를 설명하기 어렵다.

기계학습은 비교적 단순하고 투명하다. 하지만 딥러닝

은 '블랙박스'라 불릴 정도로 내부 로직이 복잡하다.

2016년 Nature에 발표된 논문(LeCun, Bengio, Hinton, "Deep Learning")은 이를 AI의 새로운 전환점이라 명명했다.

둘은 경쟁이 아니라 상호 보완이다. 상황에 따라, 문제에 따라, 적절한 접근을 선택하는 안목이 중요하다. 전문가란 기술보다 맥락을 먼저 읽는 사람이다.

13. 생성형 AI의 출현이 가져온 변화

AI는 오랫동안 분류하고 예측하는 데 집중해 왔다. 하지만 생성형 AI는 다르다. 이미지를 그리고, 문장을 쓰고, 음악을 만든다. 직접 '창조'하는 기술이다.

2022년 말, ChatGPT가 등장했을 때 세상은 놀랐다. AI가 쓴 글이 사람보다 매끄럽다는 사실에 경계와 열광이 동시에 터졌다.

이 변화의 핵심은 모델의 크기와 데이터의 양이 아니다. 인간의 언어, 감정, 사고 패턴을 모방하는 능력이 한 단계 진화했다는 점이다.

생성형 AI는 단지 콘텐츠를 만드는 기계가 아니다. 인간과 대화하고, 아이디어를 제공하며, 문제 해결에 함께 참여하는 '디지털 동료'다.

그래픽 디자인은 Midjourney, 영상 제작은 Runway, 음악 작곡은 Aiva… 창작의 경계가 무너지고 있다. 생산성이 아니라 창의성의 영역이 흔들리고 있다.

Oxford Internet Institute는 2023년 보고서에서 "생성형 AI는 노동의 구조보다 정체성을 먼저 바꾼다"라고 분석했다. 우리가 무엇을 '직업'이라 부르는지, 근본부터 재정의되는 중이다.

기술은 중립이다. 그러나 그것이 어디에, 어떻게 쓰이느냐는 인간의 선택이다.

생성형 AI는 질문을 바꾼다. '할 수 있는가?'에서

'해야 하는가?'로. 기술보다 더 깊은 질문을 우리 앞에 놓는다.

14. 오픈AI와 ChatGPT의 핵심 구조 이해

OpenAI는 2015년, 일론 머스크와 샘 알트먼 등이 공동 설립한 비영리 연구기관이었다. 인공지능의 안전한 발전을 위해 시작되었다.

그러나 기술의 진보는 방향을 바꾸었다. 2019년부터 상업화 전략을 병행하면서, 마이크로소프트와 협력해 GPT 시리즈를 세상에 공개했다.

GPT는 'Generative Pre-trained Transformer'의 약자다. 사전 학습된 대형 언어모델로, 문맥을 이해하고 다음 단어를 예측하는 방식이다.

ChatGPT는 여기에 대화형 구조를 얹은 모델이다. 사용자의 질문을 이해하고, 자연스러운 문장으로 답변한다. 핵심은 '문맥 유지'와 '추론 능력'이다.

Transformer 구조는 2017년 구글이 처음 발표한 메커니즘이다. 기존의 순차적 처리 방식이 아닌, 모든 단어를 동시에 처리하면서도 관계를 이해하는 혁신이었다.

ChatGPT는 RLHF(Reinforcement Learning with Human Feedback) 방식을 활용했다. 인간 평가자의 피드백을 통해 더 나은 응답을 학습하는 구조다.

이에 따라, 단순한 정보 응답이 아닌 '사람처럼' 반응하는 능력이 생겼다. 이것이 ChatGPT의 차별점이다.

기술은 복잡하지만, 목적은 단순하다. 인간과 대화할 수 있는 AI. 그것이 OpenAI가 만든 가장 인간적인 기술이다.

15. 데이터와 모델, 알고리즘의 상호작용

AI는 세 가지 축으로 구성된다. 데이터, 모델, 알고리즘. 이 셋은 따로 존재하지 않는다. 유기적으로 연결되어 작동한다.

데이터는 재료다. 세상의 정보를 숫자로 만든 것이다. 텍스트, 이미지, 영상, 소리 모두 데이터가 된다.

모델은 구조다. 데이터를 받아들이고, 패턴을 학습하는 뼈대다. 인간의 뇌처럼 입력과 출력을 연결해 준다.

알고리즘은 방식이다. 데이터를 어떻게 처리하고, 어떤 경로로 결과를 만들지를 결정한다. 요리로 치면, 레시피에 해당한다.

예를 들어, GPT는 수많은 텍스트 데이터를 사전 학습한 모델이다. 이때 Transformer라는 알고리즘이 적용된다. 데이터를 어떤 순서로 처리할지를 알려주는 방식이다.

좋은 모델도, 좋은 알고리즘도 결국 데이터 없이는 작동하지 않는다. 데이터의 질이 성능을 결정한다.

2021년 MIT CSAIL 연구에 따르면, "AI 성능의

70%는 데이터 품질에 좌우된다"라고 보고되었다. 알고리즘보다 데이터가 더 중요해지고 있다는 의미다.

결국 AI는 이 세 가지가 조화를 이룰 때 진짜 힘을 발휘한다. 이 조화를 이해하는 사람이 진짜 전문가다.

16. 대형 언어모델(LLM)의 작동 원리

대형 언어모델, 즉 LLM은 수십억 개의 단어와 문장 데이터를 학습한 모델이다. 인간의 언어를 통계적으로 예측하는 시스템이다.

작동 원리는 단순하다. 다음에 올 단어를 예측하는 것이다. 그러나 그 정확도가 인간 수준에 가까워질 때, 우리는 그것을 '지능'이라 부른다.

LLM의 핵심은 '사전 학습'이다. 수많은 문서, 웹페이지, 책 등을 미리 학습해 언어의 패턴을 익힌다. 이때 사용되는 알고리즘이 바로 Transformer다.

Transformer는 '어텐션 메커니즘'을 통해 단어들 사이의 관계를 이해한다. 중요한 단어에 집중하고, 문맥의 흐름을 파악한다.

이 과정을 거치면, 모델은 단어 간의 확률 분포를 학습
하게 된다. 문장을 읽는 것이 아니라, 통계적으로 계산
하는 것이다.

추론 시에는 사전 학습된 정보를 기반으로 질문에 답
한다. 새로운 지식을 생성하는 것이 아니라, 학습된 지
식을 조합하는 것이다.

OpenAI의 GPT 시리즈, Meta의 LLaMA, Google의
Gemini 등 모두 이 구조를 기반으로 작동한다. 차이는
학습 데이터와 파라미터 수에 있다.

LLM은 이해하지 않는다. 계산한다. 그러나 그 계산이
너무 정교해져, 마치 이해하는 것처럼 보일 뿐이다. 그
것이 기술의 힘이자, 착각의 본질이다.

17. AI 윤리와 인간 중심 설계 철학

AI는 기술이지만, 그 영향을 받는 것은 사람이다. 그래서 윤리가 필요하다. 기술이 옳은 방향으로 사용되도록 하는 기준이 윤리다.

인간 중심 설계란, 기술이 인간을 도구로 삼지 않도록 만드는 철학이다. AI가 사람을 통제하는 것이 아니라, 사람이 AI를 책임지는 구조다.

예를 들어, 의료 분야의 AI 진단 시스템은 높은 정확도를 가질 수 있다. 그러나 그 결정이 생명을 다루는 일이라면, 설명 가능성과 책임 소재가 더 중요해진다.

EU의 AI 법안 초안은 2021년부터 이런 관점에서 윤리적 위험도에 따라 AI를 구분했다. 인간의 기본권을 침해할 수 있는 시스템엔 더 엄격한 기준을 요구한다.

윤리는 기술의 발전을 방해하는 것이 아니다. 오히려 그 발전을 지속 가능하게 만드는 기반이다.

MIT Media Lab의 전 소장 요이치 이토는 "기술이 사람을 중심에 둘 때, 혁신은 인간적으로 된다"라고 말했다.

사람을 위한 AI는 효율보다 존엄을 우선한다. 편리함
보다 책임을 앞세운다.

윤리는 선택이 아니라 전제다. 기술은 인간의 손에서
태어났고, 인간의 품에서 성장해야 한다.

18. 알고리즘 편향성과 데이터의 중요성

AI는 중립적일 것 같지만, 그렇지 않다. 알고리즘은
데이터를 통해 학습하고, 데이터는 인간의 편향을 담
고 있다.

예를 들어, 채용 AI가 남성 위주의 데이터를 학습하면
여성 지원자를 불이익 주는 판단을 할 수 있다. 실제로
아마존은 2018년, 이런 이유로 자체 채용 알고리즘
프로젝트를 중단했다.

문제는 알고리즘 자체보다 그 알고리즘이 학습한 데이
터에 있다. 데이터가 왜곡되면, 결과도 왜곡된다. 이것

이 편향의 시작이다.

AI는 차별을 의도하지 않는다. 그러나 차별을 학습할 수는 있다. 이를 막기 위해선 데이터 수집부터 설계까지 윤리적 검토가 선행되어야 한다.

Harvard Berkman Klein Center는 "데이터는 기술의 거울이 아니라 사회의 거울"이라고 설명했다. AI가 사회 구조를 그대로 반영하는 이유다.

편향을 줄이는 방법은 다양하다. 다양한 데이터를 확보하고, 반복적으로 결과를 검증하며, 투명하게 그 과정을 공개하는 것.

결국 데이터는 AI의 양식이다. 어떤 재료를 주느냐에 따라, 어떤 판단이 나오느냐가 결정된다.
신뢰받는 AI는 정확한 AI가 아니라, 공정한 AI다. 그리고 공정함은 좋은 알고리즘이 아니라, 좋은 데이터에서 시작된다.

19. 전문가가 자주 참고하는 AI 학술지와 저널

AI 전문가가 되려면 흐름을 읽어야 한다. 흐름을 읽으려면, 먼저 근거 있는 정보를 접해야 한다. 학술지는 그 출발점이다.

대표적인 저널로는 Journal of Machine Learning Research(JMLR)가 있다. 머신러닝 분야의 핵심 논문들이 실린다. 자유롭게 공개되는 오픈 액세스 형식이 장점이다.

Nature Machine Intelligence는 학계와 산업계의 최신 연구가 동시에 소개되는 권위 있는 저널이다. 딥러닝과 뇌과학을 잇는 다리 역할도 한다.

IEEE Transactions on Pattern Analysis and Machine Intelligence (TPAMI)는 컴퓨터비전과 패턴 인식 분야에서 가장 오래되고 깊이 있는 저널이다.

또한 AI 관련 논문들이 가장 활발히 올라오는 곳은 arXiv.org다. 학술지에 공식 게재되기 전, 최신 연구가 공개되는 선행연구의 중심지다.

arXiv의 AI 카테고리에서는 매일 수십 건의 논문이 올라온다. GPT, GAN, LLM 관련 최신 흐름은 여기서 가장 먼저 포착된다.

전문가들은 모든 논문을 다 읽지 않는다. 제목, 초록, 도표만으로 흐름을 파악하고, 필요한 논문은 저장해두고 분석한다.

정보가 무기가 되는 시대다. 하지만 그 무기를 다루는 힘은 '읽는 기술'에 달려 있다.

20. 실무에 바로 쓰이는 AI의 현재 위치

AI는 더 이상 미래 기술이 아니다. 이미 오늘의 일터에 들어와 있다. 실험이 아니라 실무에서 작동하고 있다.

콜센터에선 상담 내용을 실시간으로 분석해 고객의 감정을 파악한다. 제조업에선 품질 검사와 예측 유지보수에 AI가 쓰인다.

마케팅에선 고객 데이터를 기반으로 구매 가능성이 높은 고객을 예측한다. 광고 문구도 AI가 자동으로 생성한다.

의료 분야에선 영상 진단 보조, 약물 후보 예측, 유전체 분석까지 AI가 도입되었다. IBM Watson Health는 그 대표적인 사례다.

물류 기업은 배송 경로 최적화에, 금융사는 이상 거래 탐지에 AI를 활용한다. 보험 업계는 자동 청구 심사 시스템을 도입 중이다.

2023년 PwC 보고서에 따르면, 글로벌 기업의 72%가 AI를 일정 수준 이상 실무에 적용 중이다. 기술은 이제 '선택'이 아니라 '기준'이 되었다.

단순 반복 업무는 자동화되고 있다. 남는 것은 판단, 창의, 관계다. AI는 일의 방식만 바꾸는 게 아니라, 일의 본질을 다시 묻게 만든다.

지금 AI를 아는 것은 경쟁력이 아니다. 이제 그것은

생존 조건이다.

PART 3. AI 분야별 진로와 전문 영역 선택법
(21~30)

21. 데이터 과학자 vs 머신러닝 엔지니어

사람들은 이 둘을 혼동한다. 둘 다 데이터를 다루고, 코드를 짠다. 겉으로 보면 비슷하지만 안을 들여다보면 전혀 다르다. 방향도, 관점도, 목적도 다르다.

데이터 과학자는 '왜'를 찾는다. 머신러닝 엔지니어는 '어떻게'를 만든다. 데이터 과학자는 질문을 던지고, 머신러닝 엔지니어는 그 질문에 답하는 구조를 설계한다.

하나는 분석가이고, 다른 하나는 구현가다. 하나는 인사이트를 도출하고, 다른 하나는 예측 모델을 구축한다. 하나는 통계를 기반으로 문제를 정의하고, 다른 하나는 알고리즘을 기반으로 문제를 해결한다.

데이터 과학자는 변수 간의 상관관계를 분석하고, 머신러닝 엔지니어는 그 관계를 학습하는 기계를 만든다. 그래서 둘은 협업이 필수다. 한 사람만 있어서는 완성되지 않는다.

데이터 과학자의 언어는 '해석'이고, 머신러닝 엔지니어의 언어는 '자동화'다. 데이터 과학자는 결과를 설명하고, 머신러닝 엔지니어는 미래를 예측한다.

사용하는 도구도 다르다. 데이터 과학자는 Pandas, NumPy, Seaborn, Statsmodels에 익숙하고, 머신러닝 엔지니어는 TensorFlow, PyTorch, ONNX를 다룬다. 물론 겹치는 도구도 있지만 목적이 다르다.

머신러닝 엔지니어는 모델을 학습시키고 배포하며, 최적화까지 책임진다. 데이터 과학자는 실험을 설계하고, 데이터의 의미를 해석하며, 비즈니스 전략으로 연결한다.

둘 다 수학을 쓴다. 그러나 수학의 결을 다르게 쓴다. 데이터 과학자는 확률과 통계, 회귀 분석에 강하고, 머신러닝 엔지니어는 미분, 선형대수, 벡터 계산을 깊게 파고든다.

하나의 문제를 놓고도 접근 방식이 다르다. 사용자 이탈률이 높을 때, 데이터 과학자는 이탈의 원인을 분석한다. 연령별, 시간대별, 기능별 데이터를 비교하며 인과관계를 찾는다.

반면 머신러닝 엔지니어는 그 데이터를 바탕으로 이탈 예측 모델을 만든다. 랜덤포레스트, 로지스틱 회귀, 신경망 모델을 실험하며 예측 정확도를 높인다. 예측 모델을 현실에 적용하고 검증하는 데 초점을 둔다.

AI 프로젝트는 이 두 직무의 조화로 완성된다. 인사이트 없이 모델을 만들면 방향이 어긋나고, 모델 없이 인사이트만 있으면 실행력이 없다. 기획과 실행이 나뉘어 있지만 연결되어 있다.

진로를 정할 때는 도구보다 태도를 봐야 한다. 내가 문제를 파악하고 정의하는 데 흥미가 있는가, 아니면 그 문제를 해결하는 구조를 만드는 데 흥미가 있는가. 단순히 코딩을 좋아한다고 머신러닝 엔지니어가 되는 게 아니다. 통계와 데이터 해석이 편하다면 데이터 과학자가 맞다. 문제에 대한 질문을 던지는 데서 즐거움을 느끼는가, 아니면 답을 만들 때 희열을 느끼는가.

이 두 역할의 차이는 기업 문화에서도 드러난다. 데이터 과학자는 기획자, 마케팅 팀과 함께 일하는 경우가 많고, 머신러닝 엔지니어는 엔지니어 팀, 백엔드 팀과 더 가까이 일한다.

따라서 둘 중 하나를 선택할 때는 단순히 직무 설명서를 읽기보다, 그 안에서 내가 오래 견딜 수 있는가를 먼저 물어야 한다. 기술은 익힐 수 있지만 성향은 쉽게 바뀌지 않는다.

요즘은 두 역할을 한 사람에게 요구하는 회사도 많다. 하지만 그건 이상적인 애기일 뿐, 현실에선 어느 쪽에 더 가까운 사람이 되어야 한다. 전문성과 깊이를 만들려면 분명한 선택이 필요하다.

끝으로 꼭 기억해야 할 것이 있다. AI는 문제를 해결하는 기술이다. 그래서 문제를 볼 줄 아는 눈이 있어야 한다. 그 눈이 해석에 강하면 데이터 과학자, 구조에 강하면 머신러닝 엔지니어가 된다.

누구나 AI를 공부할 수는 있다. 하지만 누구나 AI를 직업으로 삼을 수 있는 것은 아니다. 내 안의 성향과

방향을 정확히 아는 것, 그것이 진짜 커리어의 출발점
이다.

22. 생성형 AI 전문가로 가는 법

생성형 AI는 흘러가는 유행이 아니다. 기술의 판 자체
를 바꾸고 있다. 텍스트, 이미지, 코드까지 만들어내는
인공지능은 이제 보조도구가 아니라 동료가 되었다.
GPT는 그냥 채팅 툴이 아니다. BERT, T5, LLaMA
처럼 모두 Transformer 구조 위에 세워졌다. 핵심은
'Attention', 즉 문맥을 읽는 기술이다. 이 원리를
이해하지 않고선 전문가가 될 수 없다.

2017년 발표된 "Attention is All You Need" 논문
은 생성형 AI의 시작이었다. 이 논문은 지금까지도 인
용 횟수가 가장 많은 AI 논문 중 하나다. 모델의 구조
를 복붙해서 쓸 줄 아는 것과, 설계의 철학을 이해하는
것은 다르다.

전문가는 모델을 만드는 사람이다. 단순 사용자
가 아니다. 따라서 토큰화(tokenization), 임베딩

(embedding), 셀프 어텐션(self-attention)을 하나 하나 직접 구현해봐야 한다. 그 다음은 데이터다. 생성형 AI는 어떤 데이터를 주느냐에 따라 완전히 다른 결과를 낸다. 쓰레기 데이터를 주면, 쓰레기 결과가 나온다. 입력이 창의적이어야 출력도 창의적이다.

Fine-tuning, Prompt Engineering, Retrieval Augmented Generation(RAG), Parameter Efficient Tuning(PEFT) 등 최신 기술 흐름을 실습으로 체득해야 한다. 보고만 있으면 절대 몸에 배지 않는다.

자연어처리(NLP)에 대한 기본 이해도는 필수다. 문장의 구조를 읽고, 의미의 흐름을 추적하고, 논리적으로 대답을 설계하는 능력은 알고리즘보다 더 중요하다. AI는 사람이 만든다. 그래서 사람을 이해해야 한다.

윤리 문제도 피할 수 없다. 생성형 AI는 잘못된 정보를 만들어낼 수 있고, 편향된 결과를 강화할 수 있다. 무엇을 만들어내는지뿐 아니라, 왜 그런 출력을 내는

지를 설명할 줄 알아야 한다.

사용자 입장에선 그냥 똑똑한 도구지만, 전문가 입장
에선 철저히 책임을 져야 할 시스템이다. AI가 사회와
문화를 어떻게 바꾸는지를 민감하게 관찰할 줄 알아야
한다. 또 하나, 생성형 AI는 창의성을 요구한다. 숫자
만 잘 다룬다고 되는 일이 아니다. 언어, 디자인, 구조
에 대한 감각도 있어야 한다. 코딩보다 사고의 깊이가
더 중요해진다.

지금은 Hugging Face나 OpenAI API를 이용하면 누
구나 쉽게 모델을 쓸 수 있다. 하지만 진짜 전문가는
그 모델이 어떤 수학적 원리로 작동하고 있는지를 이
해하는 사람이다. 상자 안이 보이지 않으면 전문가라
할 수 없다.

자신만의 프로젝트가 있어야 한다. 논문만 읽고 강의
만 들으면 남의 AI만 잘 알게 된다. 작지만 구체적인
문제를 정해, 실제로 작동하는 생성형 모델을 만들어
야 한다. 그것이 커리어의 출발점이 된다.

예를 들어, 상담 대화 데이터를 기반으로 감정 인식과 응답을 결합한 챗봇을 만들어보라. 한 줄 한 줄 어떤 모델이 어떤 기준으로 응답을 선택했는지를 분석해보라. 직접 만든 결과물이 쌓여야 진짜 실력이 된다.

기술은 빠르게 바뀐다. 하지만 원리는 변하지 않는다. Transformer, Attention, Gradient Descent 같은 근본적인 개념은 어떤 모델에서도 변하지 않는다. 기초가 흔들리면 아무것도 오래가지 않는다.

마지막으로 전문가가 되기 위해선 꾸준함이 필요하다. 매일 논문을 한 편이라도 읽고, 매주 실습 프로젝트를 해보는 습관이 중요하다. 매일 조금씩 모은 이해가 결국 시스템 전체를 보는 눈을 만들어 준다.

생성형 AI는 인간의 언어, 사고, 감정을 다룬다. 그래서 기술을 아는 것만으로는 부족하다. 인간을 이해하는 깊이, 문제를 보는 시야, 책임을 질 수 있는 태도가 함께 있어야 진짜 전문가다.

23. AI 프로덕트 매니저의 역할

AI 프로덕트 매니저는 기술과 사용자 사이에서 가치를 조율하는 사람이다. 단지 아이디어를 내는 사람이 아니다. 기술자의 언어와 사용자의 언어를 모두 이해하고, 그것을 제품이라는 하나의 실체로 연결하는 사람이다.

기획자처럼 보이지만 기술에 무지해선 안 된다. 엔지니어처럼 보이지만 코딩만 잘해서는 부족하다. AI PM은 기술을 실현 가능한 비즈니스로 전환하는 설계자다. 기능이 아니라 문제를 중심에 놓는다.

사용자 경험을 어떻게 개선할지, AI가 정말 필요한 영역인지 판단한다. 정확도가 아니라 유용성을 기준으로 판단한다. AI 모델이 아무리 정밀해도, 실제 사용자에게 무관심한 기능이라면 무의미하다.

PM은 문제 정의를 책임진다. 기술자가 아닌, 문제에 집중하는 사람이기 때문에 문제를 어떻게 정의하느냐에 따라 프로젝트의 성패가 결정된다. 문제 없는 AI 프로젝트는 존재하지 않는다.

모델이 잘못된 방향으로 학습되는 것은 PM의 문제다. 적절한 데이터를 수집하지 못한 것도, 사용자 흐름을 고려하지 못한 것도 PM의 영역이다. 기술 실패는 대부분 기획 실패에서 시작된다.

개발자의 목표는 시스템을 작동시키는 것이고, PM의 목표는 그것이 고객에게 가치를 전달하도록 만드는 것이다. 그래서 PM은 항상 사용자와 시장을 먼저 본다. 기술은 도구이지 목적이 아니다.

PM은 기술을 알아야 한다. 그러나 깊이보다는 흐름을 알아야 한다. 어떤 모델이 적절한지, 그 모델이 어떤 데이터를 필요로 하는지, 한계는 무엇인지 파악해야 한다.

AI는 예측의 기술이지만, PM은 설계의 기술이다. 왜 이 기술을 쓰는지, 이 기능이 왜 필요한지를 설명할 수 있어야 한다. 고객에게 설명하고, 이해시키고, 팀원들과 공유할 수 있어야 한다.

의사결정은 명확해야 한다. 실험은 가설로 시작되고,

가설은 데이터로 증명되어야 한다. 직관이 아니라, 논리와 수치로 판단해야 한다. 감각이 아닌 설계로 움직이는 것이 좋은 AI PM이다.

사용자 리서치는 필수다. 피드백을 분석하고, 정량적 지표를 추적하며, AB 테스트를 반복해야 한다. 기획은 단지 시작일 뿐이다. 진짜 PM은 출시 이후의 변화를 책임지는 사람이다.

AI는 완벽하지 않다. 그래서 AI 기반 제품에는 항상 불확실성이 존재한다. PM은 이 불확실성을 관리하는 법을 배워야 한다. 모델이 잘못된 판단을 했을 때 책임을 피하지 않는 것이 전문가다.

AI 윤리도 중요한 영역이다. 알고리즘이 편향되었는지, 사용자가 피해를 보지 않는지, 데이터가 왜곡되어 있지 않은지를 점검하는 것도 PM의 몫이다. 기술이 사람을 해치는 순간, 그건 실패다.

PM은 조율자다. 디자이너, 개발자, 데이터 과학자, 비즈니스 팀과 함께 일해야 한다. 팀마다 목표와 언어가 다르다. 그 차이를 메우고 방향을 하나로 모으는 사람이 바로 PM이다.

좋은 AI PM은 단순히 성능을 높이는 데 집착하지 않는다. 모델보다 전체 시스템을 본다. 입력에서 출력까지, 사용자 흐름부터 제품 수명 주기까지 모두 설계의 범주로 생각한다.

AI가 중심이 되는 시대일수록, PM의 판단은 더 무거워진다. 기술은 누구나 쓸 수 있다. 그러나 기술로 사람을 설득하고, 가치를 전달할 수 있는 사람은 드물다.

PM은 책임이다. 제품이 세상에 어떤 영향을 미칠지를 고민하는 자리다. 아무도 책임지지 않으려 할 때, 끝까지 책임지는 사람이 되어야 한다.

24. 컴퓨터비전과 자연어처리 비교

AI가 인간을 닮아간다는 말은 추상적인 문장이 아니다. 실제로 컴퓨터는 사람처럼 보고, 말하고, 듣는 기술을 갖춰가고 있다. 그중에서도 '보는 능력'은 컴퓨터비전, '말하고 이해하는 능력'은 자연어처리가 담당한다.

컴퓨터비전은 이미지 속에 담긴 패턴을 해석한다. 픽셀로 구성된 수치 데이터에서 윤곽, 질감, 형태를 파악하고 사물을 구분한다. 고양이와 개, 사람과 배경, 텍스트와 물체를 인식한다.

자연어처리는 문장을 분석하고 의미를 파악한다. 인간의 언어 구조는 단순하지 않다. 단어의 순서, 맥락, 의도까지 고려해야 진짜 이해가 가능하다. 챗봇, 번역기, 감정 분석 모델이 대표적이다.

비전은 공간 기반이고, NLP는 시간 기반이다. 이미지는 정적인 공간 위에서 의미를 찾아내지만, 언어는 단어와 문장의 흐름에서 의미가 생성된다. 그래서 처리 방식 자체가 완전히 다르다.

비전은 CNN(Convolutional Neural Networks)을 중심으로 발전해왔다. 필터를 통해 특징을 추출하고, 계층적으로 구조를 분석한다. 반면 NLP는 RNN, 이후 Transformer 구조를 기반으로 진화했다.

컴퓨터비전은 자율주행, 의료 영상 진단, 얼굴 인식 등에 사용된다. 자연어처리는 상담 자동화, 뉴스 요약, AI 도우미 등에 활용된다. 현실 세계에서 적용되는 분야도 다르다. 하지만 최근 두 기술은 서로를 넘나든다. 멀티모달 AI가 그 예다. 텍스트와 이미지를 동시에 처리하고, 상황에 따라 적절한 반응을 결정한다. 한쪽만 알아선 전체를 설계할 수 없는 시대다.

대표적인 예가 GPT-4와 같은 멀티모달 모델이다. 이미지 설명을 텍스트로 출력하거나, 질문과 그림을 함께 해석한다. 비전과 NLP의 경계를 넘나드는 기술이 핵심으로 부상하고 있다.

학습 데이터도 다르다. 컴퓨터비전은 주로 이미지, 동영상, 라벨링된 시각 데이터가 필요하다. 자연어처리는 문서, 대화, 뉴스, 코드 같은 언어 데이터가 필요하다. 데이터 수집과 전처리 방식도 달라진다.

문제를 정의하는 방식에서도 차이가 있다. 비전은 무엇이 보이는가를 묻고, NLP는 무슨 의미인가를 묻는다. 전자는 눈을 대신하고, 후자는 귀와 입을 대신한다.

진로를 고민하는 사람이라면 이 차이를 정확히 알아야
한다. 시각적 정보에 민감하고 구조적 사고에 능하다
면 비전을 선택하라. 문장 구조와 흐름, 감정과 의도를
읽는 데 흥미가 있다면 NLP가 맞다.

둘 다 인공지능의 핵심이다. 그러나 둘 다 하기엔 시간
이 부족하다. 하나를 깊이 파고들되, 다른 하나의 흐름
을 놓치지 말아야 한다. 융합의 시대는 단일 기술에 갇
힌 전문가를 원하지 않는다.

결국 중요한 건, 어떤 문제를 풀고 싶은가다. 기술은
수단일 뿐이다. 당신이 풀고 싶은 문제가 이미지에 있
는가, 아니면 언어에 있는가. 그 질문에 대한 답이 방
향이 된다.

25. 의료, 금융, 교육 분야의 AI 활용

AI는 기술을 넘어서 각 산업의 구조 자체를 바꾸고 있
다. 의료, 금융, 교육처럼 인간 중심의 영역에서 AI는

특히 더 민감하게 작동한다. 여기서는 기술이 아니라 책임이 중요하다. 의료 분야에서 AI는 영상 진단에 가장 먼저 도입됐다. 서울아산병원은 딥러닝 기반의 폐렴 판독 시스템을 실제 진료에 적용하고 있다. 흉부 엑스레이를 분석해, 의사보다 빠르게 병변을 표시한다.

정확도는 이미 인간과 비슷하거나 그 이상이다. 2020년 MIT 연구에서는 방사선 전문의보다 높은 진단 정확도를 보인 AI 모델이 발표됐다. 하지만 AI는 보조 역할일 뿐, 최종 판단은 의료진이 한다.

AI는 병리 슬라이드도 분석한다. 미국 스탠퍼드대는 전립선암 진단을 위한 CNN 모델을 개발했고, Mayo Clinic은 피부암 진단에 AI를 도입하고 있다. 이미 해외 의료계는 AI와 함께 진료하는 시스템을 정착시켰다.

한국에서도 2022년 기준 식약처가 승인한 AI 의료기기는 190건을 넘었다. 주로 진단 보조, 환자 모니터링, 영상 분석에 집중되어 있다. 생명을 다루는 분야인 만큼 윤리와 법률 검토가 엄격하다.

금융에서는 이상 거래 탐지(FDS)와 신용 평가에 AI 가 적용된다. KB국민은행은 자체 머신러닝 기반의 사 기 거래 탐지 시스템을 구축해 실제 검출률을 30% 이 상 높였다. 신용 등급을 예측할 때도 AI가 더 세밀한 판단을 돕는다. 비정형 데이터를 분석해 기존 신용 평 가 모델이 간과하던 신호를 포착한다. 예를 들어, 계좌 의 흐름이나 소비 패턴을 자동 분석한다.

로보어드바이저 서비스도 확산되고 있다. 삼성증권, 미래에셋, 토스증권 등은 고객 성향을 분석해 포트폴 리오를 자동 설계하고, 실시간으로 리밸런싱한다. 이 는 투자 접근성을 크게 낮췄다.

챗봇 역시 금융 고객 응대에 쓰인다. 신한은행 '오로 라', 국민은행 '리브똑똑'은 단순 상담은 물론 계 좌 개설, 대출 신청까지 처리한다. 자연어처리 기술이 금융 창구의 형태를 바꾸고 있다.

교육 분야에서는 AI의 영향이 더욱 넓고 깊다. AI 튜 터는 학생 개개인의 수준에 맞는 콘텐츠를 제공한다. 뤼이드(Riiid)의 산타토익은 수십만 명의 학습 데이터를 기반으로 문제 유형을 실시간 추천한다.

에듀테크 플랫폼은 학습 경로를 자동 조정한다. 예를 들어, 똑같은 강의를 들어도 학생의 응답 시간과 오답률을 분석해 다음 학습을 차별화한다. AI가 교사의 보조 역할을 넘어, 개인 교사가 되고 있다.

미국의 칸 아카데미는 GPT 기반 AI 튜터 '칸미고(Khanmigo)'를 도입했다. 이 튜터는 학생과 대화하며 사고력을 유도하고, 직접 문제를 풀게 유도한다. 단순 설명이 아니라, 학습 코칭에 가깝다.

국내에서도 KT, LG CNS, 뤼이드 등이 AI 기반 맞춤형 학습 시스템을 연구하고 있으며, 서울대, KAIST는 AI 교육 연구소를 통해 공교육 적용 가능성을 실험 중이다. 이 세 산업은 공통점이 있다. 모두 사람과 가장 가까운 곳에서 작동한다는 것이다. 그래서 기술의 정확도뿐 아니라 신뢰, 투명성, 윤리가 함께 고려되어야 한다.

AI는 효율을 준다. 그러나 인간의 민감한 영역에서는,

그 효율이 공감 없이 작동해서는 안 된다. 숫자가 아닌 사람을 대상으로 하기 때문이다. 그래서 이 분야의 AI 는 반드시 '책임'을 전제로 해야 한다.

26. 산업군별 AI 채용 포지션 분석

모든 산업이 AI 인재를 찾고 있다. 그러나 '어떤' 인재를 찾는지는 산업마다 다르다. 같은 기술을 써도, 요구하는 역량은 전혀 다르다. AI 직무는 기술이 아니 라 맥락 위에서 정의된다.

제조업은 예지 정비(Predictive Maintenance)에 AI 를 쓴다. 센서 데이터를 수집하고, 고장을 사전에 감지 한다. 품질 검사 자동화, 공정 최적화도 주요 영역이 다. 여기서는 실시간 데이터 처리와 컴퓨터비전 기술 이 핵심이다.

유통·물류 산업은 수요 예측과 재고 최적화에 집중한 다. 시간과 장소에 따라 수요가 급변하는 이 분야에서 는 시계열 예측, 강화학습 기반의 의사결정 모델이 많 이 활용된다. 쿠팡, CJ대한통운 등이 대표적이다.

금융권은 리스크 관리, 사기 탐지, 고객 행동 예측이 주요 포지션이다. 금융 데이터는 민감하고 규제가 많기 때문에, 알고리즘의 설명 가능성과 안정성이 중요하게 평가된다. 신용평가 모델링 경험도 요구된다.

의료 산업은 의료 영상 분석, 진단 보조, 생체 신호 예측에 AI를 활용한다. 딥러닝 기반의 컴퓨터비전 기술이 중심이지만, 실제 병원 환경을 아는 도메인 지식도 중요한 채용 기준이다.

게임 산업에서는 NPC 행동 설계, 플레이 패턴 분석, 사용자 이탈 예측 등이 핵심이다. Unity ML-Agents, 강화학습 알고리즘을 다루는 능력이 요구된다. 창의성과 수치 해석 능력이 동시에 필요하다.

교육 산업은 AI 튜터, 적응형 학습 콘텐츠 추천, 학습 데이터 분석이 주요 영역이다. 사용자의 학습 수준을 모델링하는 능력, 데이터 기반 UX 설계 능력이 차별화 요소가 된다.

AI 채용은 단순히 '머신러닝 가능자' 라는 말로 뭉

뚱그릴 수 없다. 산업별로 다른 기술 스택과 사고방식이 요구된다. 자신이 어떤 산업의 문제에 관심이 있는지 먼저 파악하는 것이 중요하다.

기술보다 앞서 산업을 이해해야 한다. 그것이 진짜 실무형 AI 인재의 출발점이다.

27. 전공과 무관하게 AI 직무로 전환하는 전략

AI는 전공을 가리지 않는다. 실제로 많은 AI 실무자는 비전공자 출신이다. 인문학, 심리학, 경영학, 디자인 등 다양한 배경에서 진입하고 있다. 핵심은 전공이 아니라 '실력'이다.

비전공자가 AI 분야로 전환하려면 세 가지를 준비해야 한다. 첫째는 기초 수학이다. 선형대수, 미분, 확률과 통계는 알고리즘을 이해하는 데 필수다. 전문 수준은 아니어도, 개념은 반드시 익혀야 한다.

둘째는 프로그래밍 능력이다. 대부분 파이썬으로 시작한다. Numpy, Pandas, Matplotlib 같은 라이브러리를 자유롭게 다룰 수 있어야 한다. 데이터 전처리, 시각화, 간단한 모델링은 기본이다.

셋째는 프로젝트 경험이다. 온라인 강의만으로는 실무 역량이 생기지 않는다. Kaggle, Dacon, GitHub 프로젝트 참여를 통해 실제 데이터를 다뤄보고, 문제 해결 과정을 경험해야 한다.

포트폴리오는 강력한 무기다. 전공을 보완할 수 있는 가장 직접적인 증거다. 중요한 건 규모가 아니라 '문제를 정의하고 해결한 경험'이다. 작더라도 문제 인식과 접근 방식이 드러나야 한다.

전환 초기에는 일반적인 모델보다는 도메인 특화된 문제를 선택하는 것이 유리하다. 예를 들어, 언어 전공자는 자연어처리 프로젝트에 집중하면 강점을 살릴 수 있다. 금융 경험이 있다면 신용 예측 모델이 적합하다.

회사에서는 전공보다 결과를 본다. '데이터를 가지고 문제를 풀 줄 아는가', '혼자 혹은 팀과 함께 작업을 해봤는가', '기술을 이해하는 동시에 사용자의 입장을 고려하는가' 가 평가 기준이다.

전환에는 시간이 걸린다. 하지만 방향이 맞으면 누구나 도달할 수 있다. 하루에 한 시간씩만 꾸준히 투자해도 6개월 후에는 작은 프로젝트 하나를 끝낼 수 있다. 핵심은 멈추지 않는 것이다.

28. 테크기업에서 선호하는 포트폴리오 유형

테크기업은 기술보다 사고 방식을 본다. 포트폴리오에서 찾는 것은 실력 자체보다 실력을 드러내는 방식이다. 코드보다 문제 해결 과정이 중요하고, 결과보다 문제 인식이 핵심이다.

형식이 중요한 것이 아니라, 얼마나 진짜 문제를 풀었는지가 중요하다. 실제 데이터로 실험하고, 결과를 해석하고, 실패를 기록한 흔적이 보여야 한다. 포트폴리오는 이야기여야 한다.

모델을 사용했다는 기록보다 왜 그 모델을 선택했는지를 설명해야 한다. 하이퍼파라미터를 조정한 이유, 성능 평가 지표를 고른 기준도 함께 나와야 한다. 설명할 수 없는 결과는 실력이 아니다.

모범적인 포트폴리오는 하나의 작은 문제를 깊이 파고든다. 기술은 단순할 수 있다. 하지만 문제에 몰입한 흔적이 보이면 그 프로젝트는 살아 있다. 사용자의 입장에서 생각했는지도 본다.

GitHub에 올릴 때는 README 파일을 신중하게 작성하라. 프로젝트 배경, 해결 방식, 사용한 기술, 결과 해석까지 전체 맥락을 서술하라. 문장력도 역량의 일부다.

혼자 한 프로젝트보다 협업 프로젝트가 더 주목받는다. 이유는 간단하다. 실무는 혼자 하지 않기 때문이다. 팀워크와 커뮤니케이션 능력을 포트폴리오에서 어떻게 보여줄 수 있는지가 관건이다.

한두 줄의 커밋 메시지에서도 조직성과 성실함이 드러난다. 포트폴리오는 단순한 코드 모음이 아니다. 당신이 어떤 태도로 문제에 접근하는지를 보여주는 정밀한

보고서다.

단순히 주어진 과제를 수행한 게 아니라, 스스로 문제를 정의하고 그에 대한 해법을 찾았는지가 중요하다. 그리고 그 과정을 낱낱이 기록하는 것, 그게 실력을 보여주는 가장 확실한 증거다.

29. 기술보다 문제 해결 능력을 평가한다

테크기업은 기술보다 문제 해결 능력을 더 높게 평가한다. 왜냐하면 기술은 배울 수 있지만, 문제를 바라보는 관점은 쉽게 바뀌지 않기 때문이다. 코드를 잘 짠다는 이유만으로 좋은 개발자가 되는 시대는 지났다. 이제는 어떤 문제를 정의했고, 그 문제를 어떤 방식으로 풀었는지가 핵심이다.

채용 면접에서 기술 테스트보다 사례 기반 질문이 많아진 것도 이 때문이다. "이런 상황에서 어떻게 접근할 것인가?" "어떤 도구를 왜 선택했는가?" 이런 질문은 단순한 스킬보다 사고의 방향을 확인하기 위한 장치다.

구글, 메타, 쿠팡, 네이버 모두 공통적으로 묻는다. "복잡한 문제를 단순하게 바라본 경험이 있는가?" "실패했을 때 무엇을 배웠는가?" 이건 스펙이나 자격증으로는 답할 수 없는 질문이다.

실제로 많은 기업들이 코딩 테스트를 줄이고, 과제 기반 면접을 늘리고 있다. 이유는 분명하다. '알고 있다'와 '쓸 줄 안다'는 다르기 때문이다. 실무는 정답이 없다. 모델을 선택하고, 데이터를 전처리하고, 결과를 해석하는 모든 과정에 판단이 필요하다.

기술은 도구일 뿐이다. 도구가 많다고 좋은 목수가 되는 것은 아니다. 문제를 정확히 정의할 줄 아는 사람이 진짜 전문가다. 정의가 틀리면 아무리 정교한 알고리즘도 방향이 어긋난다.

그래서 실력 있는 사람은 문제를 단순화하는 능력이 있다. 쓸데없는 복잡성을 걷어내고, 핵심을 파악한다. AI 모델이 아니라, 문제 그 자체에 먼저 천착한다. 기술은 그다음이다.

프로젝트 포트폴리오를 볼 때 기업이 중요하게 보는 것도 이것이다. "이 사람은 어떤 문제에 관심이 있었고, 그것을 어떻게 풀었는가?" 사용한 도구보다, 풀고자 한 이유가 더 중요하다. 기술의 깊이보다 태도의 방향을 본다.

AI 분야일수록 더 그렇다. 기술이 빠르게 변하니, 기술만 보고 사람을 뽑을 수 없다. 변하지 않는 능력은 문제를 보는 눈과 해결하는 습관이다. 그것이 현장에서 통하는 진짜 역량이다.

30. 나의 관심사 기반 AI 커리어 설계하기

AI 분야는 너무 넓고 깊다. 처음부터 모든 걸 잘하려고 하면 지친다. 중요한 건 내가 진짜 관심 있는 주제를 찾는 것이다. 기술보다 방향이 먼저고, 관심보다 깊은 몰입은 없다. 커리어는 스펙이 아니라 질문에서 시작된다.

내가 해결하고 싶은 문제가 무엇인지부터 물어야 한다. 누구나 AI를 배울 수 있지만, 모두가 AI 전문가가 되지는 않는다. 차이는 문제의식에서 시작된다. 기술은 도구이고, 도구는 목적이 있어야 빛난다.

관심이 있는 분야에선 지치지 않는다. 교육이든, 금융이든, 헬스케어든 그 안에 문제가 있다면 AI는 들어갈 수 있다. 텍스트를 좋아하는 사람은 NLP, 이미지를 좋아하는 사람은 컴퓨터비전이 어울린다.

인간 심리에 관심이 있다면 감정 분석이나 대화형 AI가 맞고, 언어학 전공자는 생성형 모델을 더 잘 이해할 수 있다. 음악, 예술, 심리, 마케팅까지 AI는 모든 분야와 결합할 수 있다. 커리어는 전공보다 동기에서 자란다.

시작은 관심사에 맞는 데이터를 모으는 것이다. 예를 들어 환경 문제에 관심 있다면 기후 데이터나 에너지 소비 데이터를 수집해보자. 그 데이터 속에서 무엇이 문제인지 보는 훈련이 곧 분석력이다.

문제를 보는 눈은 기술보다 중요하다. 머신러닝을 다룰 줄 안다는 건 누구나 가능하지만, 풀고 싶은 문제가 명확한 사람은 드물다. 테크기업은 기술보다 문제 해결력을 본다. 문제를 명확히 정의하는 능력이 곧 경쟁력이다.

관심사를 바탕으로 개인 프로젝트를 설계하라. 하나의 명확한 문제를 잡고, 끝까지 풀어보는 경험이 커리어를 만든다. 포트폴리오도 이 흐름을 따라야 한다. 내가 왜 이 문제를 풀었는지 설명할 수 있어야 한다.

커리어는 단순한 직업이 아니다. 내가 오랫동안 탐구할 수 있는 분야를 찾는 것이다. 기술은 바뀌지만 나의 관심사는 쉽게 바뀌지 않는다. 깊이는 흥미에서 나온다. 그래서 관심사는 곧 방향이다.

PART 4. 실무형 AI 도구와 활용 전략 (31~40)

31. ChatGPT Plus로 할 수 있는 7가지 일

ChatGPT는 더 이상 단순한 질문-답변용 도구가 아니다. 특히 유료 버전인 ChatGPT Plus는 생산성과 창의성을 획기적으로 끌어올리는 핵심 도구다. 버전 4.0 기준으로 웹 브라우징, 이미지 해석, 코드 실행 등 실질적인 업무 도우미로 발전했다.

GPTs 기능까지 포함되면서, 이제는 단순한 AI가 아니라 하나의 협업 파트너다. 단순 검색을 넘어 사고와 실행을 돕는 능동형 도구가 된 것이다.

첫째, 실시간 정보 검색이 가능하다.

내장 브라우저 기능을 통해 최신 뉴스, 논문, 데이터까지 확인할 수 있다. ChatGPT 자체 지식은 업데이트 주기가 있지만, 브라우징 기능은 현재형이다. 정보 탐색 도구로서의 가치가 기존 검색 엔진을 능가하기 시작했다. 질문을 던지면 요약, 비교, 분석까지 함께 제공한다.

둘째, 이미지 해석이 가능하다.

문자 외에도 시각적 데이터를 이해하는 기능이 탑재되었다. 사진 속 텍스트 읽기, 도표 분석, 디자인 피드백까지 가능하다. 이는 단순 이미지 분류가 아니라 실제 응용까지 포함된다. AI가 보는 세계를 사람처럼 해석하는 시대가 열린 것이다.

셋째, 코드 실행과 분석이 가능하다.

Python 환경에서 통계 계산, 그래프 출력, 데이터 변환 등을 즉시 실행할 수 있다. 코드를 수정하거나 디버깅 요청을 하면 결과와 함께 설명까지 제공된다. 개발자뿐 아니라 엑셀 사용자, 마케터에게도 유용한 기능이다. 프로그래밍을 몰라도, 문제를 코드로 해결하는 경험을 제공한다. 도구를 넘어서 학습 파트너가 되는 것이다.

넷째, 문서 작성이 비약적으로 빨라진다.

기획안, 보고서, 이메일, 에세이 작성까지 빠르고 정확하게 지원한다. 문체, 톤, 목적에 따라 맞춤형으로 편집이 가능하다. 특히 비즈니스 문서에서는 문장 구조와 논리의 완성도가 높다. 글쓰기가 일인자였던 사람들도 이제 AI를 경쟁자가 아닌 조력자로 받아들인다.

다섯째, 언어 번역과 문화 해석이 가능하다.
단순한 번역을 넘어 맥락과 상황을 고려한 해석을 제
공한다. 예를 들어 마케팅 슬로건을 다른 언어로 전환
할 때 문화적 민감성까지 고려해 준다. 기계 번역의 한
계를 넘는 대화형 번역기가 된 셈이다. 영어, 중국어,
독일어를 넘나드는 작업이 일상화됐다.

여섯째, 프롬프트를 기반으로 창작을 도와준다.
콘텐츠 기획, 브랜드 메시지 개발, 광고 문구 작성도
가능하다. 단순 반복이 아닌, 창의적 방향성을 제시할
수 있다는 점에서 새로운 국면이다. 디자이너, 작가,
기획자가 함께 쓸 수 있는 공동 창작 툴이 된 것이다.
이제 아이디어는 혼자 떠올리지 않아도 된다.

일곱째, 나만의 맞춤형 GPT를 만들 수 있다.
GPTs 기능을 통해 업무 목적에 맞는 개인 AI 도우미
를 설정할 수 있다. FAQ 챗봇, 글쓰기 교정 도우미,
데이터 분석 어시스턴트까지 직접 구성 가능하다. 전
문지식이 없어도 대화형 설정만으로 AI 도구를 만들

수 있다는 점이 혁신이다. 이는 소규모 팀이나 1인 기업에게 특히 유리하다.

ChatGPT Plus는 단순히 빠른 응답이나 기능 추가를 넘어서 지식 생산과 문제 해결의 새로운 방식 그 자체다. 도구가 아니라 일하는 방식이 바뀌는 것이다. 당신이 사용하는 만큼 진화하고, 질문하는 만큼 더 똑똑해진다. AI 시대의 생산성은 이제 '무엇을 아는가'보다 '어떻게 묻는가'에 달려 있다.

32. 노코드 기반 AI 툴 추천

노코드 AI는 기술보다 아이디어가 중요하다는 것을 증명한다. 누구나 데이터로 모델을 만들고, 분석하고, 자동화할 수 있는 환경이 열렸다. 더는 개발자만이 AI를 다루는 시대가 아니다. 기획자, 디자이너, 마케터도 직접 실험할 수 있다. 코딩 없이도 문제를 해결할 수 있는 도구들이 등장했다. 중요한 건 의도와 구조, 그리고 반복 가능성이다.

Lobe는 이미지 분류를 위한 툴이다. 사진을 불러오고 분류 기준을 정하기만 하면 된다. 몇 번의 클릭만으로 학습과 테스트가 끝난다. 마우스만으로 모델을 만들 수 있다는 건 강력한 변화다. 교육용 프로젝트나 디자인 시안 분류에 특히 효과적이다.

Obviously AI는 예측에 강한 툴이다. CSV 파일 하나면 된다. 자동으로 모델을 생성하고, 결과를 시각화해준다. 마케팅, 영업, 고객 분석에 바로 쓸 수 있다. 코드를 몰라도 데이터 기반 의사결정을 할 수 있다.

Levity는 텍스트와 문서를 분류하는 데 유용하다. 이메일, 피드백, 보고서를 자동으로 분류하고 라벨링한다. Zapier와 연동해 자동화 흐름도 만들 수 있다. 고객 서비스와 내부 문서 처리에 탁월하다. 반복되는 작업을 줄이고 사고에 집중하게 한다.

Peltarion은 시각적 딥러닝 설계 도구다. 모듈을 드래그해 연결하면 구조가 보인다. 실험, 학습, 평가를 직관적으로 설계할 수 있다. 데이터 과학자보다 실무 담당자에게 더 적합하다. 빠르게 시도하고 빠르게 버릴 수 있다.

노코드 툴은 실험 속도를 높인다. 완벽하게 시작하는 것보다, 빨리 검증하는 것이 중요해졌다. AI 기술은 여전히 복잡하지만, 노코드 도구는 그 복잡함을 가렸다. 문제에만 집중할 수 있게 만든 것이다. 실행하는 사람이 이기는 시대가 되었다.

33. Runway, Midjourney 등 생성형 툴 비교

생성형 AI는 상상력의 결과물을 빠르게 실현시킨다. 누구나 명령어 하나로 이미지와 영상을 만들 수 있다. Runway와 Midjourney는 그 대표적인 도구다. 비슷해 보이지만 목적과 방식은 다르다. Midjourney는 정적인 이미지에 강하고, Runway는 움직이는 영상에 특화돼 있다. 두 툴은 창작 방식의 지도를 바꾸고 있다. 무엇을 만들고 싶은지가 도구를 결정한다.

Midjourney는 디스코드를 기반으로 한다. 프롬프트한 줄이면 예술적인 그림이 생성된다. 복잡한 툴을 배우지 않아도 상상 속 이미지를 실체화할 수 있다. 색감과 스타일이 독특하고 감성적으로 표현된다. 그래서 콘셉트 아트, 브랜드 이미지, 분위기 시각화에 자주 사용된다. 감각적인 결과물을 원할수록 적합한 도구다.

Runway는 영상 중심의 생성형 툴이다. 텍스트 기반
으로 영상 장면을 만들 수 있으며, 배경 제거, 오브젝
트 지우기, 오토 컷 편집이 모두 가능하다. 유튜버, 1
인 크리에이터, 콘텐츠 마케터들이 실무에 많이 활용
한다. 클릭 몇 번으로 영상이 만들어지는 경험은 새로
운 생산성이다. 특히 편집의 반복을 줄여준다는 점에
서 강력하다.

Midjourney는 결과물이 예술적이지만 예측이 어렵
다. 원하는 결과를 얻기까지 수많은 프롬프트 실험
이 필요하다. 반면 Runway는 결과가 직관적이고 빠
르다. 사용자가 통제 가능한 영역이 많다. 그래서
Midjourney는 상상력 중심, Runway는 실행력 중심
으로 구분된다. 창의성과 효율성의 차이가 두 툴을 가
른다.

중요한 건 툴보다 목표다. 어떤 감정을 전달하고 싶은
가, 어떤 메시지를 담고 싶은가. 그것에 따라 어떤 툴
이 적합한지가 달라진다. 기술은 선택지일 뿐 본질은

창작자의 의도다. 생성형 AI는 도구일 뿐이지, 작가가 아니다. 최종 선택과 책임은 언제나 사용자에게 있다.

34. AI 자동화로 1인 기업 시스템 만들기

AI는 1인 기업에게 가장 강력한 동료다. 혼자 일해도 마치 팀처럼 움직일 수 있다. 반복되는 작업은 자동화 되고 사람은 본질에 집중하게 된다. 콘텐츠 제작, 고객 관리, 재무 분석까지 모두 AI로 연결할 수 있다. 중요한 건 무엇을 반복하고 무엇을 자동화할지 정의하는 것이다. 시스템을 만들 수 있으면 팀이 없어도 사업은 돌아간다.

ChatGPT는 기획과 콘텐츠 생산의 중심이 된다. 글 쓰기, 마케팅 문구, 이메일 답변도 생성할 수 있다. Canva와 Midjourney는 시각 자료를 책임진다. 디자 인을 못 해도 브랜드를 만들 수 있다. Zapier와 Make 는 도구들을 연결해 흐름을 만든다. 고객 요청이 들어 오면 자동으로 응답하고, 구글시트에 기록되며, 알림 이 전송된다.

이메일 자동응답, 구매 후 안내, 반복되는 업무 일정까지 흐름이 만들어진다. 대화형 챗봇은 웹사이트에서 질문에 응답하고 예약도 잡아준다. 모든 것은 사전에 정의된 규칙을 따르며 작동한다. 일일이 손대지 않아도 비즈니스는 멈추지 않는다. 자동화는 시간을 벌어주고 체력을 지켜준다. 그래서 1인 기업에겐 생존 기술이다.

자동화를 하려면 먼저 반복되는 패턴을 찾아야 한다. 그 패턴을 도식화하고 AI나 자동화 툴에 맡기면 된다. 완벽하게 만드는 것이 목적이 아니다. 일주일에 한두 시간을 줄이는 것이 시작이다. 매일 하는 일이 아니라 다시 하지 않아도 되는 일이 늘어날 때 시스템은 작동하기 시작한다.

AI가 회사를 대신하는 것이 아니라 나를 해방시킨다. 내가 판단하고 AI가 실행하면 속도는 빨라진다. 중요한 건 기술이 아니라 구조다. 흐름을 만들면 사람이 없어도 일이 멈추지 않는다. 시스템은 반복을 줄이고 창의를 되살린다. 이것이 AI 시대의 일하는 방식이다.

35. 대화형 AI 챗봇 직접 만들기

AI 챗봇은 단순한 자동 응답 도구가 아니다. 올바르게 설계하면 하나의 유능한 상담 직원이 된다. 1초도 쉬지 않고 고객을 응대하고 정보를 제공하며 데이터를 축적한다. 예전에는 개발자가 있어야 가능했지만 이제는 누구나 만들 수 있다. 마우스로 흐름을 연결하고 문장을 설정하면 하나의 대화 시스템이 완성된다. 기술보다 중요한 건 질문의 구조를 설계하는 사고력이다.

대표적인 노코드 챗봇 빌더는 Landbot이다.

대화 흐름을 블록처럼 배치하고 사용자의 응답에 따라 흐름이 갈라지도록 만든다. 고객 문의, 예약 접수, 설문 수집 등 다양한 목적으로 활용 가능하다. 사용자는 마치 사람과 대화하듯 챗봇과 소통하게 된다. 실시간 상담보다 빠르고 정확한 응대가 가능하다.

웹사이트, 페이스북, 왓츠앱 등 다양한 채널과 연동된다. ManyChat은 마케팅에 강한 챗봇이다. 특히 인스타그램, 페이스북 메신저와 연동이 뛰어나 쇼핑몰에서

자주 쓰인다. 사용자의 클릭 행동에 따라 자동으로 쿠
폰을 발송하거나 제품을 추천할 수 있다.

구매까지 이어지는 대화 흐름을 미리 설계해두면 세일
즈 퍼널이 완성된다. 자동화된 고객 응대는 전환율을
높이고 운영 부담을 줄여준다. 1인 기업에겐 가장 현
실적인 영업 도구다. Dialogflow는 구글이 만든 AI 기
반 대화 플랫폼이다.

자연어 처리를 통해 사용자의 발화를 의도 단위로 이
해하고 응답을 제공한다. 단순 키워드 매칭이 아니라
실제 언어 구조를 인식하는 방식이다. 콜센터, 헬프데
스크, 음성 기반 응용 프로그램까지 다양한 분야에서
활용된다. 기술적 진입 장벽은 있지만 한 번 배우면 유
연한 설계가 가능하다.

스마트한 챗봇이 필요하다면 선택할 가치가 있다. 챗
봇은 만들고 나서가 진짜 시작이다. 사용자들의 반응
데이터를 기반으로 계속 수정하고 개선해야 한다. 반
복되는 질문은 자동화하고, 예외는 수동 처리로 분리
하면 된다. 시간이 갈수록 챗봇은 더 똑똑해지고, 더

많은 업무를 대신하게 된다.

고객은 기다리지 않고, 당신은 지치지 않는다. 그것이 AI 챗봇의 진정한 힘이다.

36. 오토메이션툴과 AI의 결합 사례

AI는 인간의 사고와 분석을, 오토메이션툴은 인간의 반복 업무를 대신한다. 이 둘이 결합되는 순간, 단순한 자동화를 넘어 '지능형 자동화'라는 새로운 패러다임이 열린다. 과거엔 사람이 매번 클릭하고 복사하고 입력하던 일을, 이제는 AI가 판단하고 오토메이션툴이 실행까지 끝내준다. 마치 내 옆에 24시간 일하는 조수 하나가 생긴 것과 같은 효과다. 이 조합은 특히 마케팅, 고객 서비스, 콘텐츠 제작, 데이터 분석 등거의 모든 지식노동 분야에서 폭발적인 생산성 향상을만들어낸다.

예를 들어, 고객이 이메일로 문의하면, AI가 내용을자동으로 분석하고 분류한 뒤, Zapier가 이를 특정 팀의 Slack 채널로 전달해준다. 고객 유형에 따라 맞춤형 응답을 자동으로 작성해주는 GPT API와 연동하면, 사람의 개입 없이도 거의 완성된 고객응대가 가능하다. 또 다른 예로는 블로그 글 작성 시스템이 있다. Notion에서 주제를 입력하면, AI가 글을 초안으로 써주고, 이를 정제한 후 WordPress에 자동 업로드까지 연결된 자동화 시스템이다. 이 모든 과정은 버튼 하나로 실행된다.

업무 자동화 툴인 Make(옛 Integromat), Zapier, n8n 등은 AI 도구와 함께 사용할 때 진가를 발휘한다. 예를 들어, Google Sheets에 새 데이터가 입력되면, GPT가 요약을 생성하고, 이를 이메일로 전송하거나, 슬랙에 알림을 보내는 워크플로우가 완성된다. 이처럼 AI는 '똑똑한 판단'을 하고, 오토메이션툴은 '일을 실제로 처리' 해준다. 둘이 하나의 팀처럼 작동할 때, 인간은 훨씬 더 창의적이고 고차원적인 업무에 집중할 수 있게 된다.

이 결합은 1인 기업, 스타트업, 중소기업은 물론, 대기업에서도 점차 필수적인 전략으로 자리잡고 있다. 사람은 사람다워지고, 기계는 기계다워지는 방향으로 일이 재편되는 것이다. 우리는 AI와 자동화 덕분에 단순 노동의 굴레에서 벗어나, 더 큰 그림을 그릴 수 있는 시대를 맞이하고 있다.

37. 오픈소스 AI 모델 활용 방법

AI 분야는 지금 이 순간에도 빠르게 진화하고 있으며, 그 중심에는 오픈소스의 힘이 있다. GPT, LLaMA, Stable Diffusion, Whisper 등 세계적인 AI 모델들이 오픈소스로 공개되면서 이제 누구나 AI 모델을 연구하고, 학습하고, 활용할 수 있는 시대가 되었다. 과거에는 수십억 원이 드는 연구비와 대규모 인력이 필요했던 영역이, 이제는 노트북 하나만 있어도 실험 가능한 환경으로 바뀌고 있다.

오픈소스 AI 모델의 가장 큰 장점은 자유로운 커스터마이징과 확장성이다. 예를 들어 Hugging Face 라이브러리를 이용하면, 사전 학습된 모델을 바로 불러와서 텍스트 분류, 요약, 번역, 감정 분석 등의 기능을 몇 줄의 코드만으로 실행할 수 있다. 또한 이러한 모델들은 Python 환경에서 쉽게 다룰 수 있기 때문에, 개발자가 아니어도 기초적인 실습과 응용이 가능하다. 특히 PyTorch 기반 모델들은 구조가 문서로 만들어져 있어 학습용으로도 훌륭하다.

실제 기업에서는 이러한 오픈소스 모델을 로컬 서버에 구축하여 사내 데이터로 재학습(Fine-tuning)하거나, 프라이버시 문제를 해결하기 위한 독립형 AI 시스템으로 활용하고 있다. 예를 들어, 고객 응대용 챗봇을 GPT 기반으로 만들되, 사내 지식문서만을 학습시켜 정확한 정보 제공이 가능하도록 하는 방식이다. 이렇게 하면 데이터 유출 위험 없이, 자사에 맞는 AI 시스템을 직접 만들어 운용할 수 있다.

또한 이미지 생성 모델인 Stable Diffusion은 마케팅 디자인, SNS 콘텐츠 제작, UX 시안 제작 등에 광범위하게 쓰인다. 직접 프롬프트를 설계하고, 원하는 스타일을 반복적으로 실험하며 결과를 얻을 수 있기 때문에, 비전문가도 고퀄리티의 결과물을 생산할 수 있다. 영상 편집, 음성 인식, 음악 생성 등도 모두 오픈소스 기반으로 구현할 수 있는 시대다.

오픈소스 AI 모델은 단순한 기술을 넘어, '학습 도구이자 비즈니스 도구'로 성장하고 있다. 중요한 것은 '어떻게 쓸 것인가'에 대한 창의력과 문제 해결력이다. 무료로 공개된 이 보물창고에서 필요한 기능을 찾아내고, 내 업무와 아이디어에 맞게 연결해 보는 것. 그것이 바로 진짜 AI 실력자의 첫걸음이다.

38. 구글 Colab에서 실습하기

AI를 배운다는 건 이론을 아는 것보다, 실제로 손을 움직여 코드를 실행해보는 것이 훨씬 더 중요하다. 그렇다고 무조건 복잡한 환경 세팅부터 해야 하는 건 아니다. Google Colab은 인터넷만 있으면 누구나 바로 AI 실습을 시작할 수 있는 강력한 도구다. 클라우드 기반의 Jupyter 노트북 환경으로, 별도 설치 없이 브라우저에서 Python 코드를 실행할 수 있고, GPU까지 무료로 지원해준다.

Colab은 처음 AI를 접하는 사람에게도 친절한 환경이다. 예를 들어 Hugging Face의 Transformers 라이브러리를 설치하고, GPT 기반 모델을 불러와 텍스트 생성 실험을 하거나, 간단한 이미지 분류 모델을 구현해보는 것도 가능하다. 많은 오픈소스 AI 프로젝트들이 Colab용 노트북을 함께 제공하기 때문에, 복잡한 코드를 그대로 따라하며 이해하는 학습도 쉽게 할 수 있다. 실제로 많은 AI 강의와 튜토리얼이 Colab을 중심으로 구성되어 있다.

또한 Colab은 실무에도 바로 연결할 수 있다. Google Drive와 연동하여 데이터를 불러오고 저장할 수 있으며, 다양한 API를 호출해 웹과 연동된 서비스를 만들수도 있다. 예를 들어, 사용자의 입력을 받아 OpenAI API에 전달하고, 결과를 다시 출력하는 간단한 챗봇 시스템도 Colab으로 구현 가능하다. 프로젝트 실습, 보고서 작성, 포트폴리오 구성까지 한 번에 관리할 수 있다는 점에서 매우 유용하다.

무엇보다 Colab은 '실습 중심의 학습 루틴'을 만드는 데 최적이다. 매일 30분씩 실습 노트북을 열고 코드를 수정해보고, 에러를 해결해보는 것만으로도 AI 감각이 빠르게 생긴다. 이 작은 루틴이 쌓일수록 실전역량은 눈에 띄게 성장한다. 책을 읽는 공부보다, '내가 직접 만들어보는 경험'이 진짜 실력이 되는 시대다.

39. 실제 기업에서 활용되는 AI 워크플로우

AI 기술은 더 이상 연구실에만 머물러 있지 않다. 이제는 수많은 기업들이 일상적인 업무에 AI를 자연스럽게 녹여내고 있다. 특히 AI는 단독으로 존재하기보다, 여러 툴과 자동화 시스템 속에서 '워크플로우' 형태로 통합되어 실질적인 성과를 낸다. 이 워크플로우란, 반복되는 업무 절차를 자동화하고, 중간에 AI가 판단과 생성 작업을 맡는 일련의 흐름이다.

예를 들어 한 전자상거래 회사는 '주문 → 리뷰 수집 → 감정 분석 → 개선 사항 도출'까지를 AI 기반으로 자동 처리한다. 고객이 남긴 후기를 자연어 처리(NLP) 기술로 분석하여, 부정적인 피드백을 분류하고 그 내용을 관련 팀에 자동으로 알림을 보내는 시스템이다. 이 과정에서 OpenAI의 GPT를 활용해 요약문을 생성하고, Slack이나 Notion으로 자동 정리하는 자동화 툴이 함께 작동한다. 결과적으로 리뷰 분석 시간은 하루에서 5분으로 줄어들었다.

또 다른 예는 콘텐츠 마케팅 분야다. 마케팅팀은 매주 AI를 활용해 SNS 게시물, 블로그, 뉴스레터 콘텐츠를 기획하고 제작한다. GPT 모델을 이용해 키워드 기반 콘텐츠 아이디어를 생성하고, Midjourney나 Canva AI 기능으로 이미지 디자인을 자동화한 뒤, Zapier로 각 채널에 게시 일정을 자동 설정한다. 이렇게 AI 중심의 콘텐츠 워크플로우가 자리 잡으면, 기존 대비 3배 이상의 콘텐츠를 효율적으로 운영할 수 있다.

중요한 점은 이 AI 워크플로우가 반드시 복잡할 필요는 없다는 것이다. 핵심은 '반복되는 판단+작업'을 얼마나 효과적으로 자동화하느냐에 있다. 데이터를 수집하고, AI가 해석하고, 오토메이션툴이 전달하는 일련의 구조를 설계하는 것이 실전에서의 승부처다. 이제 기업의 경쟁력은 AI를 '잘 아는 것'이 아니라, '잘 흐르게 연결하는 것'에 달려 있다.

40. AI 도구를 내 업무에 맞게 커스터마이징하기

누구나 ChatGPT나 다양한 생성형 AI 툴을 사용할 수 있는 시대지만, 진짜 실력자는 도구를 '그대로 쓰는 사람'이 아니라 '내 방식대로 바꾸는 사람'이다. AI는 고정된 기능을 제공하는 도구가 아니라, 얼마든지 내 업무 방식에 맞게 재구성할 수 있는 유연한 도구다. 그래서 이제는 '어떤 AI를 쓰느냐'보다 '어떻게 커스터마이징하느냐'가 더 중요하다.

예를 들어, 고객 응대를 담당하는 사람이라면 매번 비슷한 질문을 받게 되는데, 이 질문들을 정리해서 ChatGPT API에 사내 데이터 기반으로 맞춤형 챗봇을 만들어보자. 단순히 외부 지식을 바탕으로 대답하는 것이 아니라, 내 회사만의 문서, 정책, FAQ를 학습시킨 챗봇을 만들면 업무 정확도와 속도가 모두 향상된다. Notion에 입력된 정보를 자동 요약하고, 원하는 스타일로 정리해주는 프롬프트 템플릿을 구성하는 것도 하나의 커스터마이징이다.

또한 나만의 문체나 표현 스타일을 반영하는 것도 커스터마이징의 좋은 예다. 매일 작성하는 이메일, 보고서, 블로그 글 등에 내가 자주 사용하는 문장 패턴을 학습시켜두면, AI는 훨씬 더 자연스럽고 일관된 결과를 제공해준다. 이를 위해 프롬프트 엔지니어링이나 파인튜닝 기술을 활용하는 경우도 늘고 있다. 이렇게 되면 AI는 더 이상 '외부 도구'가 아니라 '내 안의 업무 파트너'로 자리 잡게 된다.

심화 단계에서는 GPT API를 내 앱이나 웹 서비스에 직접 연동할 수도 있다. 고객 관리 툴에 삽입해 고객 통화 내용을 자동 요약하게 하거나, 프로젝트 툴에서 회의록을 자동으로 정리하게 만드는 것도 가능하다. 기술적으로 가능성이 열려 있는 만큼, 가장 중요한 건 '내가 반복적으로 하는 일은 무엇인가'를 정의하고, 그것을 자동화하고 AI화하는 방향으로 설계하는 것이다.

AI 도구의 가치는 기능 그 자체가 아니라, 그것을 얼마나 '내 것'으로 만들어 활용하느냐에 달려 있다. 커스터마이징은 바로 그 출발점이다. 이제 AI는 '사용자 중심'이 아니라 '나 중심'으로 움직여야 한다.

PART 5. AI 학습법과 실전 역량 강화 (41~50)

41. AI를 공부할 때 반드시 피해야 할 습관

AI를 배우겠다고 마음먹은 순간, 우리는 새로운 언어
와 사고체계를 접하게 된다. 그런데 많은 사람들이 이
흥미로운 여정을 오래가지 못하고 중도에 포기한다.
그 이유 중 상당수는 기술적인 어려움이 아니라, 잘못
된 학습 습관 때문이다. AI는 빠르게 변하는 분야인
만큼, 잘못된 방향으로 공부하면 시간은 쓰고 실력은
늘지 않는 악순환에 빠진다.

첫 번째 피해야 할 습관은 '이론부터 완벽하게 이해
하려는 태도'다. 물론 개념은 중요하지만, 처음부터
딥러닝 수식과 알고리즘 구조를 완벽히 이해하려는 시
도는 학습 의욕만 꺾는다. AI는 실습 기반의 학습이
훨씬 효과적이다. 작은 프로젝트 하나라도 직접 구현
해보고, 결과를 확인하면서 개념을 이해하는 방식이
더 오래 기억에 남는다.

두 번째는 '모든 기술을 다 배우려는 욕심'이다. 머

신러닝, 딥러닝, 자연어처리, 컴퓨터비전, 강화학습 등 AI 분야는 방대하다. 처음부터 모든 걸 다 하려다 보면 방향도 잃고 흥미도 잃게 된다. 자신의 관심사나 목표에 따라 핵심 기술 몇 가지만 골라 깊이 파고드는 전략이 훨씬 효율적이다. 특히 직무와 연관된 실전 사례 중심으로 접근하면 학습이 훨씬 생동감 있게 다가온다.

세 번째는 '코드를 외우려는 습관'이다. AI 개발은 결국 문제 해결 중심의 사고를 요구한다. 코드를 암기하기보다는, 각 함수와 알고리즘이 어떤 역할을 하는지를 이해하는 것이 중요하다. 그리고 문서를 검색하고, 예제를 변형해보는 연습을 통해 문제 해결 역량을 키워야 한다.

학습은 무조건 많이 하는 것이 아니라, 지속 가능한 방식으로 똑똑하게 하는 것이 핵심이다. 그래서 무엇보다 중요한 건, 잘못된 습관을 인지하고 스스로를 조정할 줄 아는 '메타학습' 능력이다.

42. 수학과 통계 없이 개념 잡는 법

AI를 배우려는 많은 사람에게 큰 두려움 중 하나는 수학과 통계다. "나는 수학을 못 하는데, AI는 어려울 것 같아"라는 말을 자주 듣는다. 하지만 진실은 그 반대다. 실제로 실무에서 AI를 잘 활용하는 사람 중에는 고급 수학을 모르는 경우도 많다. 핵심은 수학 공식을 외우는 것이 아니라, 그 개념이 무엇을 의미하고, 왜 필요한지를 이해하는 것이다.

예를 들어, 선형 회귀(linear regression)를 이해하려면 복잡한 수식을 몰라도 된다. 이것은 단순히 '입력값과 출력값 사이의 관계를 직선으로 설명하는 방법'이라는 개념만 잡아도 충분하다. 분산이란 무엇인가? "값들이 평균에서 얼마나 흩어져 있는지"를 말하는 것이라는 정도만 이해하면 된다. 이런 식으로 개념을 '생활 속 비유'로 바꿔 이해하면 AI의 핵심 개념들도 부담 없이 접근할 수 있다.

또한 실제 코드를 실행해 보면서 '이 수학 개념이 어떤 역할을 하는지'를 체험하면 학습 효과가 훨씬 크다. 예를 들어, 정규화를 왜 하는지를 백 번 설명 듣는 것보다, 정규화 전후의 모델 정확도 차이를 눈으로 보는 것이 더 명확하다. AI 학습에서 수학은 '설계의 기초'이지만, 실습은 '이해의 촉진제'다.

중요한 건 내가 직접 활용할 수 있는 수준까지 도달하는 것이지, 수학자로서의 지식을 갖추는 것이 아니다. 결국 실무에서는 수학보다도 '적절한 도구를 선택하고 해석하는 능력'이 훨씬 중요하다. 지금 당장 수식이 어렵다고 겁먹을 필요 없다. 이해는 반복되는 실전 속에서 점차 생겨난다.

43. YouTube, Coursera, Khan Academy 활용법

AI를 공부할 때 굳이 비싼 학원을 다니거나 두꺼운 교재를 붙잡을 필요는 없다. 전 세계 수많은 전문가가 온라인에 무료 또는 저렴한 강의를 공개하고 있기 때문이다. 그중 대표적인 플랫폼이 바로 YouTube, Coursera, Khan Academy다. 이 세 곳만 잘 활용해도 입문부터 중급 수준까지 AI를 체계적으로 학습할 수 있다.

YouTube는 AI 공부의 '가장 빠른 입구'다. 딥러닝, 머신러닝, ChatGPT, 파이썬 기초 등 다양한 주제의 강의를 쉽게 접할 수 있고, 실습 중심의 영상도 많다. 특히 '코딩 따라하기' 방식으로 구성된 튜토리얼은 실제로 손을 움직이며 배우기에 매우 적합하다. 한국어로 제공되는 콘텐츠도 많으므로 영어가 부담스러운 사람에게도 좋은 출발점이다.

Coursera는 세계 유수 대학들의 정규 AI 과정을 제공하는 플랫폼이다. 스탠퍼드, MIT, deeplearning.ai의 앤드류 응 교수 강의는 이미 수 많은 AI 입문자들에게 입소문이 났다. 이론과 실습을 함께 구성하여 체계적으로 배우고 싶은 사람에게 적합하며, 과제와 퀴즈를 통해 학습의 완성도를 높일 수 있다. 유료 과정이지만 청강은 무료인 경우도 많다.

Khan Academy는 특히 수학과 통계를 기초부터 다시 배우고 싶은 사람에게 매우 유용하다. 설명이 친절하고 예제 중심이라서, AI 수학을 어렵게 느끼는 사람도 쉽게 개념을 잡을 수 있다. 미적분, 확률, 선형대수 같은 기초 개념을 익히고 싶은 사람에게 추천된다.

중요한 건 플랫폼이 아니라, '어떤 방식으로 꾸준히 학습하느냐'다. 나에게 맞는 스타일의 강의를 찾아내고, 반복해서 시청하고 실습하는 루틴을 만든다면, 누구든지 이 무료 플랫폼들만으로도 실력 있는 AI 실무자가 될 수 있다.

44. 실습 중심의 프로젝트 기반 학습

AI를 '진짜 내 것으로 만들기' 위한 가장 효과적인 방법은 프로젝트 기반 학습이다. 책을 읽고 강의를 듣는 것만으로는 개념이 머릿속에 머무르기 쉽지만, 직접 프로젝트를 수행하면 이해가 몸으로 체화된다. 프로젝트란 단순히 코드를 따라 치는 것이 아니라, 문제를 정의하고 AI로 해결하는 전 과정을 경험하는 학습 방식이다.

예를 들어 "뉴스 기사를 요약하는 프로그램을 만들자"는 프로젝트를 정해보자. 이때 필요한 기술은 자연어처리, 텍스트 요약 알고리즘, 데이터 크롤링, 결과 시각화 등이다. 프로젝트를 진행하면서 우리는 실제 데이터에 부딪히고, 오류를 해결하고, 여러 모델을 비

교하면서 실전 감각을 익히게 된다. 단순히 '지식'
이 아니라 '역량'이 쌓이는 것이다.

처음엔 간단한 주제로 시작하는 것이 좋다. 예를 들어
"영화 리뷰 감성 분석기 만들기", "날씨 예측 모델
만들기", "나만의 챗봇 구축하기" 같은 프로젝트는
AI의 핵심 기술을 학습하는 동시에 결과도 눈에 보이
기 때문에 성취감을 느낄 수 있다. 중요한 건 프로젝트
가 '완성'되는 경험을 자주 갖는 것이다. 크고 복잡
한 주제보다, 작고 명확한 문제부터 해결해보자.

또한 프로젝트는 포트폴리오로 확장될 수 있기 때
문에, 취업이나 프리랜서 활동에도 큰 도움이 된다.
GitHub에 올리고, 과정을 문서화하고, 결과를 블로그
나 발표 영상으로 정리하면 학습 결과가 '전문성'으
로 이어진다. 프로젝트 기반 학습은 단순한 공부가 아
니라, 내 커리어를 구축하는 출발점이기도 하다.

45. 영어 몰라도 AI 배우는 방법

AI 분야의 자료와 강의는 대부분 영어로 되어 있다.

그래서 많은 사람들이 "영어를 못하면 AI를 배울 수 없을까?" 라는 걱정을 한다. 결론부터 말하면, 영어를 잘하지 않아도 AI를 충분히 배울 수 있다. 중요한 것은 영어 실력이 아니라, 정보를 활용하려는 적극적인 태도와 도구를 활용하는 능력이다.

우선 대부분의 AI 강의에는 한글 자막이나 번역 기능이 제공된다. YouTube, Coursera, edX 같은 플랫폼은 자동 번역 자막을 지원하고 있으며, 정확도도 꽤 높은 편이다. Google 번역기나 DeepL 같은 도구를 활용해 문서를 번역하고, 필요한 코드나 설명을 이해하는 데 활용할 수 있다. 문장이 길어도 핵심 단어만 파악하면 충분히 내용을 따라갈 수 있다.

또한 실습 중심의 학습에서는 영어보다는 '코드와 결과'를 이해하는 것이 핵심이다. 코드는 전 세계 어디서나 동일하고, 주석이나 변수 이름 정도만 이해하면 대부분의 튜토리얼을 따라 할 수 있다. 특히 GitHub, Hugging Face 같은 사이트에서는 코드 예제와 실행 결과를 같이 제공하므로, 영어보다 실행해보는 것이 더 중요하다.

ChatGPT 같은 AI 도구도 훌륭한 번역 도우미가 된다. 어려운 영어 문장을 붙여넣으면 한국어로 쉽게 바꿔주고, 어떤 기술인지 쉽게 요약해달라고 요청할 수도 있다. 이러한 도구들을 활용하면, 영어에 대한 부담 없이도 AI 학습을 꾸준히 이어갈 수 있다.

핵심은 '영어 실력'이 아니라 '도움을 받을 줄 아는 실력'이다. 지금 당장 영어를 잘하지 않아도 괜찮다. 대신, AI를 배우겠다는 마음과 실행력만 있다면, 언어의 벽은 도구로 충분히 넘을 수 있다.

46. 논문 요약 능력 키우는 법

AI 분야는 하루에도 수많은 논문이 쏟아진다. 새로운 모델, 기법, 실험 결과를 가장 먼저 접할 수 있는 창구가 바로 논문이다. 하지만 논문은 형식이 딱딱하고, 영어로 되어 있으며, 복잡한 수식이 포함되어 있어 접근하기 어렵게 느껴진다. 그래서 많은 초보자들이 논문을 회피하거나 '전문가만 보는 것'으로 오해하곤 한다. 그러나 요약 능력만 갖추면, 논문도 얼마든지 자신의 무기로 활용할 수 있다.

논문을 요약하는 첫 단계는 구조를 이해하는 것이다. 대부분의 논문은 '초록(Abstract) → 서론(Introduction) → 관련 연구(Related Work) → 방법(Method) → 실험(Experiment) → 결론(Conclusion)' 순으로 구성되어 있다. 초록과 결론만 제대로 읽어도 논문의 핵심 내용을 파악할 수 있으며, 서론은 왜 이 연구가 중요한지를 알려준다. 처음에는 모든 내용을 다 이해하려고 하기보다, 이 구조를 기준으로 필요한 부분만 선별해 읽는 것이 좋다.

두 번째는 도구 활용이다. ChatGPT, SciSpace, ExplainPaper 같은 AI 기반 요약 도구를 활용하면 복잡한 논문도 쉽게 풀어볼 수 있다. 어려운 문장을 한국어로 바꿔 요약하거나, 특정 문단의 의미를 쉽게 설명해주는 도구들이 점점 많아지고 있다. 특히 ChatGPT는 논문을 붙여넣고 "한 문단으로 요약해줘", "중요한 부분만 뽑아줘"라고 요청하면 실용적인 요약 결과를 제공한다.

세 번째는 직접 써보는 훈련이다. 논문을 읽은 후, 핵심 주제, 연구 방법, 결과, 시사점을 스스로 요약해서

한두 문단으로 정리해보자. 이 과정을 반복하면 점점 더 빠르게 논문의 요점을 파악할 수 있고, 나중에는 논문을 참고하여 자신만의 아이디어로 확장할 수도 있게 된다.

논문은 단지 정보를 전달하는 문서가 아니라, 나만의 통찰을 키워주는 자산이다. 겁먹지 말고, 잘라 읽고, 도구를 쓰고, 요약하며 천천히 익숙해지자. 결국 핵심을 뽑아내는 능력이 AI 전문가의 진짜 힘이 된다.

47. Kaggle 대회를 통한 실전 감각 익히기

AI 실력을 키우는 데 있어 가장 좋은 방법 중 하나는 실제 데이터를 다뤄보는 것이다. 이론으로 배운 모델과 알고리즘도, 실제 데이터에 적용해보는 순간 완전히 새로운 차원의 학습이 시작된다. 그 중심에 있는 대표적인 플랫폼이 바로 Kaggle이다. Kaggle은 전 세계 AI 실무자와 학습자가 모여 데이터 분석, 머신러닝 모델 개발 등을 겨루는 온라인 대회 플랫폼이다.

Kaggle의 가장 큰 장점은 실제 기업 문제를 바탕으로 실습할 수 있다는 점이다. 예를 들어 항공사 고객 이탈 예측, 의료 진단 정확도 향상, 가격 예측 등 다양한 주제의 데이터셋이 올라오며, 참가자는 이를 분석해 예측 모델을 만들고 경쟁한다. 이 과정에서 실무에 가까운 문제 정의, 데이터 전처리, 모델링, 성능 평가 등의 전 과정을 경험할 수 있다.

초보자도 충분히 도전할 수 있다. Kaggle에는 'Getting Started' 카테고리와 함께, 초급자용 대회나 커널(코드 예제)이 잘 정리되어 있다. 처음에는 다른 사람의 코드를 참고하며 따라하고, 조금씩 수정해보며 실력을 쌓아가면 된다. 또한 Kaggle 포럼에서는 전 세계 참가자들과 질문과 답변을 주고받으며 협업하는 재미도 느낄 수 있다.

무엇보다 Kaggle은 '실전 감각'을 키우는 데 탁월하다. 모델이 성능이 낮을 때 무엇이 문제인지 파악하고, 하이퍼파라미터를 조정해보고, 다른 알고리즘을 적용하는 과정을 반복하면서 문제 해결 능력이 자연스럽게 쌓인다. 단순히 정답을 아는 것이 아니라, 시행착오 속에서 스스로 판단하고 개선하는 힘을 기르게 된다.

포트폴리오에도 도움이 된다. Kaggle에서의 경험은 단순한 대회 참여를 넘어서, 내가 데이터를 가지고 어떤 가치를 만들어낼 수 있는지를 보여주는 증거가 된다. 이력서나 인터뷰에서도 강력한 실전 능력의 근거가 되는 셈이다.

48. 온라인 AI 커뮤니티에서 배우기

혼자 공부하는 데는 한계가 있다. 특히 AI처럼 빠르게 변하고 실전 감각이 중요한 분야에서는, 누군가와 함께 고민하고 아이디어를 나누는 것이 성장에 큰 도움이 된다. 그래서 많은 AI 학습자와 실무자들이 온라인 커뮤니티에서 활발히 활동하고 있다. 이곳에서는 질문을 던지고, 팁을 공유하고, 새로운 트렌드를 실시간으로 파악할 수 있다.

대표적인 커뮤니티로는 Reddit의 r/MachineLearning, Discord 기반 AI 서버들, Stack Overflow, Hugging Face 포럼, GitHub Issues 등

이 있다. 한국어 커뮤니티로는 브런치, 카카오 오픈채팅, 네이버 카페, 인프런 커뮤니티, T아카데미 등도 활발하다. 커뮤니티는 단순히 정보만 얻는 곳이 아니라, '함께 성장하는 공간'이라는 점을 잊지 말자.

AI 커뮤니티에서는 '완성된 사람'보다 '배우고 있는 사람'이 더 환영받는다. 막히는 부분을 솔직하게 질문하고, 내가 찾은 해결법을 공유하면, 다른 사람들도 도움을 주며 자연스럽게 관계가 형성된다. 특히 프로젝트를 함께 하거나, Kaggle 팀을 꾸리거나, 사이드 프로젝트를 함께 진행하는 사례도 많다. 이런 협업 경험은 나중에 커리어로 연결되는 경우도 있다.

또한 커뮤니티는 동기부여의 원천이 되기도 한다. 나보다 앞서가는 사람들의 코드를 보고 자극을 받고, 실력 있는 사람들이 어떤 도구를 어떻게 쓰는지 관찰하면서 스스로의 방향을 잡을 수 있다. 혼자 고민할 때보다 더 빠르고 유연하게 성장할 수 있는 이유가 여기에 있다.

학습은 혼자서 하는 것이 아니라, 함께 나누며 완성된

다. 온라인 커뮤니티는 당신을 '고립된 학습자'에서 '연결된 전문가'로 이끌어주는 디딤돌이 될 것이다.

49. 매일 30분 실습 루틴 만들기

AI를 배운다는 것은 단기 프로젝트가 아니라 장기적인 습관이다. 실력을 쌓는 사람들의 공통점은 특별한 재능이 아니라 꾸준함이다. 특히 바쁜 일상 속에서도 매일 30분만이라도 실습 시간을 확보하면, 몇 달 뒤 완전히 다른 사람이 되어 있는 자신을 발견하게 된다. 실습은 이론을 체화하고, 코드 감각을 키우는 가장 효과적인 훈련법이다.

매일 30분 실습 루틴을 만들기 위해선 먼저 시간을 정하는 것이 중요하다. 출근 전 7시7시30분, 점심시간 직후 12시30분1시, 퇴근 후 9시~9시 30분처럼 일상에 녹일 수 있는 고정 시간을 설정하자. 이 시간엔 강의를 듣기보다는 실제로 코드를 짜고, 모델을 돌리고, 결과를 분석하는 행동 중심 학습에 집중해야 한다.

루틴을 꾸준히 유지하려면 실습 주제를 '작게' 나

누는 것이 좋다. 예를 들어 "오늘은 감성 분석 모델을 실행해보기", "내일은 결과 시각화 실습", "모레는 다른 데이터셋으로 테스트하기"처럼 매일 할 수 있을 만큼의 분량만 정하자. 이렇게 하면 부담도 줄고 성취감은 오히려 커진다. 또한 GitHub에 실습 결과를 기록하거나 블로그에 요약을 남기면 학습 효과가 배가된다.

처음엔 시간이 부족하거나 집중이 안 될 수도 있다. 하지만 2주, 4주, 8주가 지나면 루틴은 습관이 되고, AI는 일상의 일부가 된다. 그리고 이 꾸준한 루틴이 결국 '전문가의 기반'을 만든다. 누구나 하루 30분은 만들 수 있다. 문제는 그 시간을 '내 미래에 투자할 마음이 있느냐'다.

50. 실력을 유지하는 지속 학습 전략

AI는 속도가 빠른 분야다. 하루가 다르게 새로운 논문이 발표되고, 새로운 도구와 라이브러리가 쏟아진다. 처음엔 열정적으로 배웠지만 시간이 지나면 흐름을 따라가지 못해 뒤처지는 느낌을 받기 쉽다. 그래서 AI

실력자는 '한 번 잘 배운 사람'이 아니라, 계속해서 배우는 사람이다. 즉, 실력보다 더 중요한 것은 '지속성'이다.

지속 학습을 위한 첫 번째 전략은 루틴화다. 매주 한 번 논문 읽기, 매일 아침 10분 GitHub 탐색, 매주 토요일 실습 복습 등 일정을 정해두면 자동적으로 학습이 이어진다. 시간표는 유동적이더라도, 학습의 리듬은 일정하게 유지하는 것이 핵심이다. 이 작은 반복이 결국 큰 차이를 만든다.

두 번째는 '학습 환경의 다양화'다. 책, 영상, 오디오, 커뮤니티, 프로젝트 등 다양한 방식으로 AI를 접하면 지루함 없이 지속 가능하다. 특히 사람들과의 연결을 통해 학습을 생활 속 대화로 끌어오면, 정보가 생생하게 남는다. 오프라인 AI 스터디 모임이나 웨비나, 온라인 세미나 참가도 매우 효과적이다.

세 번째는 '기록하고 정리하기'다. 배운 내용을 블로그에 정리하거나 노션에 정리해두면 복습이 쉬워지고, 나중에 다시 참고할 자료도 생긴다. 또한 설명 가능한 학습은 기억에도 오래 남는다. 누군가에게 가르칠 수 있을 정도로 정리하다 보면, 그 과정 자체가 최고의 학습이 된다.

AI는 단거리 경주가 아니라 마라톤이다. 계속해서 배우고, 연결하고, 실천하며 나아갈 수 있는 시스템을 만드는 것이 실력을 '유지하고 확장' 하는 가장 확실한 전략이다.

PART 6. 포트폴리오와 프로젝트 전략 (51~60)

51. GitHub에 올릴 프로젝트 기획법

AI 실력을 보여주는 가장 강력한 무기는 말이 아니라 '결과물'이다. 그리고 그 결과물을 가장 효과적으로 세상에 보여줄 수 있는 공간이 바로 GitHub이다. GitHub에 정리된 프로젝트는 당신의 실전 역량과 문제 해결 능력, 도구 활용력을 그대로 드러내 준다. 그래서 단순히 코드를 올리는 것을 넘어서, 전략적으로 프로젝트를 기획하고 구성하는 법이 중요하다.

첫 번째는 '목적이 분명한 프로젝트'를 만드는 것이다. 예를 들어 단순한 예제 코드보다, "실제 데이터를 분석해 소비자 행동을 예측한 모델", "자연어처리를 활용한 뉴스 요약기", "AI 기반 회의록 자동 정리 툴"처럼 실생활 문제를 해결하는 프로젝트가 훨씬 강력한 인상을 준다. 문제 정의가 구체적일수록 결과물은 돋보인다.

두 번째는 '재사용 가능한 구조'를 갖추는 것이다.

프로젝트는 단순히 하나의 파일이 아니라, 구조화된 폴더와 문서로 구성돼야 한다. README.md 파일에는 프로젝트 목적, 사용 기술, 실행 방법, 데이터 출처, 결과 요약 등이 명확하게 담겨야 한다. 코드만 잘 짜는 것보다, 누구나 이해하고 실행할 수 있게 만드는 것이 더 중요하다.

세 번째는 '작게 여러 개'다. 거대한 프로젝트 하나보다는, 작지만 명확한 프로젝트 여러 개가 실력을 더 잘 보여준다. 예를 들어 감정 분석, 이미지 분류, 추천 시스템, 챗봇 등 다양한 기술을 적용한 3~5개의 소형 프로젝트를 올리는 것이 전략적으로 효과적이다. 각 프로젝트의 목적과 결과가 분명하다면 분량보다 가치가 크다.

GitHub 포트폴리오는 '기술의 창고'이자 '나의 브랜드'다. 그저 공부한 코드를 쌓아놓는 것이 아니라, 세상에 나를 증명하는 공간이라는 마음으로 기획하고 관리해 보자. 제대로 된 프로젝트 하나는 수십 장의 이력서보다 강력한 메시지를 전달한다.

52. 문제 해결형 프로젝트 사례

좋은 프로젝트는 단순한 기능 구현이 아니라, 실제 문제를 해결하는 데 초점을 맞춘다. AI 기술 자체가 아무리 뛰어나도, 그것이 현실 속 문제와 연결되지 않으면 인상적인 결과물이 되기 어렵다. 그래서 포트폴리오에 담을 프로젝트는 '무엇을 해결했는가'를 중심으로 기획해야 한다.

예를 들어 '리뷰 감성 분석기' 프로젝트는 단순히 텍스트 분류 기능을 보여주는 것처럼 보일 수 있다. 하지만 "전자상거래에서 고객 불만을 조기에 감지하고, 피드백 기반의 개선이 가능하도록 하는 시스템"이라고 설명하면, 훨씬 설득력 있는 실전 과제가 된다. 이런 방식의 문제 해결형 프로젝트는 보는 이로 하여금 AI 기술의 '실용성'을 명확히 이해하게 만든다.

또 다른 예는 'AI 면접 분석 도구'다. 화상 면접 영상을 입력하면, 얼굴 표정과 음성 톤을 분석하여 응답자의 감정 상태와 자신감을 평가하는 프로젝트다. 이 프로젝트는 단순히 영상 분석 기술이 아니라, HR 분야의 문제(면접자의 비언어적 요소 분석)를 해결하는 데 초점이 맞춰져 있다. 결과적으로 AI의 사회적 활용 가능성을 보여줄 수 있다.

또한 '중소기업을 위한 맞춤형 AI 챗봇 제작기'도 실전성이 높다. 고객의 질문 유형을 분류하고, 제품 정보에 기반한 답변을 자동으로 생성하는 시스템을 개발하면서, 실제 운영까지 고려한 기능(언어, UX, 응답 속도 등)을 포함하면 더욱 완성도 있는 프로젝트가 된다.

핵심은 기술보다 문제 해결에 얼마나 집중했는가다. 내가 선택한 기술이 실생활 문제와 어떻게 연결되는지를 끝까지 설계하고 설명할 수 있어야, 진짜 실력자로 인식된다. AI는 결국, 세상을 더 나은 방향으로 바꾸기 위한 도구다.

53. 도전적인 과제를 통한 성장법

AI를 배우다 보면 어느 순간 '익숙한 문제만 반복하고 있다'는 느낌이 들 때가 있다. 바로 그때가 성장의 정체기에 접어든 신호다. 이 시점에서 도전적인 과제를 의식적으로 선택하면, 실력은 한 단계 더 도약할 수 있다. 도전은 불편함을 동반하지만, 그 불편함 속에 성장의 기회가 숨어 있다.

도전적인 과제란, 지금의 내 수준으로는 당장 해결이 쉽지 않은 주제다. 예를 들어 처음 해보는 이미지 처리, 복잡한 데이터 정제, 사용자 인터페이스(UI)까지 포함된 풀스택 AI 프로젝트 등이 이에 해당한다. 이때 중요한 건 '완벽한 결과물'이 아니라, 해결 과정에서 마주치는 문제와 시행착오다. 고민하고, 검색하고, 질문하고, 해결하는 그 모든 순간이 실전 감각을 키워준다.

예를 들어 "음성 데이터를 받아 텍스트로 전환하고, 감정을 분석한 후, 그에 맞는 메시지를 자동 생성하는 시스템"을 만들어보자. 이 하나의 과제에 음성 인식, 자연어 처리, 감정 분석, 프롬프트 설계까지 다양한 기술이 포함된다. 어렵지만 그만큼 배울 것도 많고, 포트폴리오에 담을 만한 깊이 있는 결과물을 얻을 수 있다.

또한 도전 과제를 팀 프로젝트로 설정하면, 협업 능력까지 동시에 키울 수 있다. 역할을 나누고, 코드 리뷰를 하고, 발표까지 준비하는 과정은 단순한 기술 이상의 역량을 길러준다. 회사나 클라이언트와 연계된 실제 과제를 해결해보는 것도 매우 효과적이다.

성장은 늘 '편안함의 바깥'에 있다. 스스로를 도전적인 환경에 드러내고, 해보지 않은 문제를 정면으로 마주하는 순간, 당신은 단순한 학습자를 넘어 AI 실무형 전문가로 전환되기 시작한다.

54. AI 스타트업 문제 해결 분석

AI 기술의 가장 역동적인 실험 무대는 바로 스타트업이다. 스타트업은 제한된 자원과 빠른 실행 속도 안에서 구체적인 문제를 해결해야 하기 때문에, AI의 실용성과 효율성을 극대화하는 방식을 잘 보여준다. 이들의 사례를 분석하면 우리가 어떤 문제에 집중하고, 어떤 방식으로 솔루션을 설계해야 하는지 많은 인사이트를 얻을 수 있다.

예를 들어, 한 헬스케어 스타트업은 환자 상담 데이터를 AI로 분석해 진단까지의 시간을 줄였다. 기존에는 의료진이 모든 통화 기록을 듣고 정리해야 했지만, 음성 인식과 자연어 처리 기술을 통해 주요 증상을 요약하고, 환자의 우선순위를 자동 분류함으로써 의료 대응 시간을 획기적으로 단축했다. 이 사례는 문제의 본질을 정확히 파악하고, 적절한 AI 기술을 적용한 대표적 예다.

또 다른 예는 교육 스타트업에서 찾아볼 수 있다. 학생들의 학습 데이터를 분석하여, 개인별 맞춤 학습 로드맵을 자동으로 제안하는 AI 시스템을 구축한 것이다. 단순한 정답률이 아니라, 오답 패턴과 반응 시간을 분석하여 '왜 틀리는가'를 진단하고, 이를 기반으로 콘텐츠와 피드백을 자동 조정했다. 이처럼 스타트업은 AI를 통해 사용자의 문제를 정교하게 해결하는 데 집중한다.

중요한 것은 기술이 아니라 '문제 정의'다. 스타트업은 늘 사용자와 밀접하게 맞닿아 있기 때문에, 문제 해결 과정에서 사용자 경험(UX)과 실행 가능성까지 고려한다. AI 기능이 아무리 뛰어나도, 사용자가 불편하면 성공할 수 없다. 그래서 스타트업의 AI 활용은 기술보다 '사람을 중심에 두는 설계'를 통해 차별화를 이룬다.

AI 스타트업들의 문제 해결 방식은 우리에게 큰 교훈을 준다. 기술은 목적이 아니라 수단이며, 중요한 것은 문제의 본질을 꿰뚫는 통찰력과 빠른 실행력이다. 이 관점에서 프로젝트를 설계한다면, 당신의 AI 실력은 기술을 넘어서 '가치 창출'의 단계로 도약할 것이다.

55. 실무 적용을 고려한 프로젝트 설계

좋은 프로젝트는 단순히 '동작하는 것'이 아니라, 실제 업무나 현장에 적용 가능한 수준까지 완성도를 높인 것이다. 실무에서는 기능이 완벽하더라도 사용자가 이해하기 어렵거나, 유지보수가 복잡하면 외면당하기 쉽다. 따라서 AI 프로젝트를 설계할 때는 기술 중심이 아니라, 현실적 요구와 사용 환경을 기준으로 접근해야 한다.

첫 번째는 사용자 흐름(User Flow)을 고려한 설계다. 예를 들어 고객센터 자동응답 시스템을 만든다고 가정해 보자. 사용자는 어떤 방식으로 질문을 입력하고, 어떤 형태로 답변을 받고 싶어 할까? 답변 속도, 정확성, 표현 방식까지 세심하게 고민해야 한다. AI 기술은 그 흐름을 자연스럽게 보완하는 도구가 되어야 한다.

두 번째는 데이터 흐름(Data Flow)이다. 실무에서는 데이터가 항상 정제되어 있지 않다. 누락, 중복, 비정형 데이터가 섞여 있는 경우가 대부분이다. 따라서 프로젝트를 설계할 때는 '데이터 수집 → 정제 → 분석 → 적용'까지의 전체 흐름을 설계하고, 그 안에 AI가 어떤 역할을 할지를 명확히 해야 한다. 이 과정을 염두에 두지 않으면 프로젝트는 현실 적용에서 멈추고 만다.

세 번째는 운영과 유지보수다. AI 프로젝트는 일회성이 아니라 지속적으로 관리되어야 한다. 예측 정확도가 떨어졌을 때 대응 전략, 모델 재학습 주기, 사용자의 피드백 반영 방법 등을 설계 초반부터 고려해야 한다. 특히 비기술 사용자를 위한 간편한 인터페이스나 자동화된 리포팅 시스템을 갖추면 활용도가 크게 높아진다.

실무 적용을 고려한 설계는 결국 '사용자 중심 사고'에서 시작된다. AI는 기술이지만, 그 기술을 누가, 어떻게, 왜 쓰는지를 생각하는 순간 비로소 진짜 실용적인 프로젝트가 완성된다.

56. 협업형 AI 프로젝트 구성하기

AI 프로젝트는 혼자서도 시작할 수 있지만, 함께할 때 더 크고 깊은 결과물을 만들 수 있다. 특히 실제 업무나 서비스에 가까운 프로젝트일수록 다양한 역할이 필요하다. 데이터 수집, 모델 개발, UX 설계, 문서화, 발표까지. 협업형 프로젝트는 단순한 기술 학습을 넘어, 실무 역량과 커뮤니케이션 능력까지 함께 성장시켜준다.

협업형 프로젝트를 구성할 때 가장 먼저 할 일은 역할 분담이다. 한 명은 데이터 엔지니어, 한 명은 모델링 담당, 또 다른 한 명은 결과 시각화 및 발표를 맡는 식이다. 모든 사람이 모든 걸 다 하려고 하면 비효율적이다. 각자의 강점을 살려 효율적으로 분업하면서도, 전체 흐름은 모두가 이해하도록 자주 공유해야 한다.

또한 협업을 원활히 하기 위해선 도구 선택이 중요하다. GitHub로 버전 관리를 하고, Notion이나 Google Docs로 기획과 회의를 정리하며, Slack이나 Discord로 실시간 소통을 유지하는 방식이 일반적이다. 특히 Git을 통한 협업은 실무에서 매우 중요한 역량이기 때문에, 프로젝트 중에 자연스럽게 익혀두는 것이 좋다.

중요한 건 기술보다 소통과 책임감이다. 중간에 역할을 잊거나, 피드백 없이 코드를 수정하는 일이 반복되면 협업은 무너지기 쉽다. 따라서 정기적인 점검 회의, 진행 상황 공유, 이슈 관리 등을 체계적으로 운영하는 습관을 들여야 한다. 협업형 프로젝트는 단순히 결과물이 아니라 '함께 일하는 법'을 배우는 과정이기도 하다.

실력 있는 사람은 혼자 잘하는 사람이 아니라, 함께할 때 시너지를 만드는 사람이다. 협업형 프로젝트는 AI

전문가로서의 자질을 실전에서 증명할 수 있는 가장
좋은 훈련장이 된다.

57. UI/UX를 고려한 AI 서비스 기획

AI 기술이 아무리 뛰어나도, 사용자가 불편하면 그
서비스는 성공할 수 없다. 기술의 핵심은 '사용자
를 위한 가치'이고, 그것을 가장 직관적으로 전달
하는 수단이 바로 UI(User Interface)와 UX(User
Experience)다. AI 서비스는 복잡한 기술을 내포하
고 있기 때문에, 더욱더 쉽고 친절한 사용자 경험 설계
가 필요하다.

UI/UX를 고려한 AI 서비스 기획의 첫걸음은 사용자
의 여정을 그려보는 것이다. 사용자는 언제, 어떤 문제
를 가지고 서비스를 접하며, 어떤 흐름으로 결과에 도
달하는가? 예를 들어 챗봇이라면 첫 인사부터 질문 유
도, 답변 제공, 종료까지의 전체 흐름을 스토리보드처
럼 설계해야 한다. AI 기능은 그 흐름 속에서 자연스
럽게 녹아들어야 한다.

다음은 인터페이스의 간결함이다. AI는 결과가 다양하게 나올 수 있기 때문에, 사용자가 혼란스러워하지 않도록 핵심만 보여주는 디자인이 중요하다. 예측 결과를 시각적으로 표시하거나, 신뢰도를 함께 보여주는 등의 UI 요소는 사용자의 이해를 도와준다. 복잡한 설명 대신, 예시와 직관적인 버튼으로 구성하는 것이 효과적이다.

UX에서 가장 중요한 것은 피드백 루프다. AI가 제공한 결과에 대해 사용자가 피드백을 줄 수 있어야 하며, 그 피드백을 다시 학습에 반영하는 구조가 필요하다. 예를 들어 추천 시스템에서 "이 추천이 마음에 들지 않아요"를 누를 수 있고, 그 이유를 입력할 수 있다면 사용자 경험은 훨씬 개선된다. 사용자는 AI가 점점 나를 이해하고 있다고 느낄 때 신뢰를 갖게 된다.

AI 서비스 기획은 기술 중심이 아니라 사용자 중심의 언어로 번역하는 과정이다. 내가 만든 기능을 누군가가 쉽게 쓰고, 즐겁게 경험하며, 문제를 해결하는 데 도움을 받는 것. 그 순간이 바로 기술이 진짜 가치가 되는 순간이다.

58. 데이터 수집부터 시각화까지 흐름

AI 프로젝트의 성패는 모델보다 데이터에 달려 있다. 아무리 정교한 알고리즘이라도, 부정확하거나 불완전한 데이터를 기반으로 하면 의미 있는 결과를 만들기 어렵다. 그래서 데이터를 어떻게 수집하고, 어떻게 정제하며, 어떤 방식으로 가공하고 시각화할 것인가가 프로젝트의 핵심 뼈대가 된다.

첫 단계는 데이터 수집이다. 웹에서 공공 데이터를 가져오거나, 웹 크롤링, API 연동, 로그 파일 추출 등의 방법을 통해 데이터를 확보한다. 이때 가장 중요한 것은 데이터의 목적과 맥락을 명확히 이해하는 것이다. 단순히 양이 많은 데이터보다, 문제 해결에 적합한 질 좋은 데이터를 찾는 것이 더 중요하다.

다음은 데이터 전처리 단계다. 누락값 처리, 중복 제거, 이상치 탐색, 형식 통일 등의 작업이 필요하며, 이 단계에서 pandas, NumPy 같은 라이브러리를 많이 활용한다. 특히 자연어 데이터의 경우에는 토큰화, 정규화, 불용어 제거 등 텍스트 전처리 과정이 매우 중요하다. 이 과정을 통해 AI 모델이 학습하기 좋은 형태로 데이터를 준비할 수 있다.

이후에는 데이터 분석 및 시각화 단계가 이어진다. 데이터의 분포, 상관관계, 패턴 등을 시각적으로 확인하면 문제의 본질이 더 명확히 보이게 된다. matplotlib, seaborn, plotly 같은 시각화 도구를 통해 인사이트를 눈으로 확인하고 설명할 수 있는 능력을 키워야 한다. 시각화는 단지 보기 좋게 만드는 것이 아니라, 데이터를 해석하는 '언어'이기도 하다.

데이터 수집부터 시각화까지의 흐름을 체계적으로 이해하고 경험해본 사람만이, 진짜 실전형 AI 프로젝트를 설계할 수 있다. 결국 AI는 데이터를 다루는 예술이며, 데이터를 이야기로 풀어내는 설계자의 사고방식이야말로 진짜 경쟁력이다.

59. 프로젝트 발표 및 문서화 전략

AI 프로젝트가 아무리 훌륭해도, 그것을 명확하게 설명하지 못하면 절반의 성공에 그치고 만다. 실무나 포트폴리오 발표, 해커톤, 면접 등에서 프로젝트를 발표할 기회는 반드시 찾아온다. 이때 중요한 건 기술적 완성도만큼이나, 그 내용을 얼마나 설득력 있게 전달할 수 있느냐다. 문서화와 발표는 AI 전문가의 실력을 보여주는 또 다른 무대다.

발표의 핵심은 '문제 → 해결 → 결과'의 구조다. 먼저 어떤 문제를 해결하려고 했는지 명확하게 정의하고, 어떤 AI 기술을 어떻게 적용했는지 간결하게 설명하며, 마지막으로 그 결과가 어떻게 개선되었는지를 보여줘야 한다. 전문 용어보다 '일반인도 이해할 수 있는 언어'를 사용하는 것이 훨씬 강력한 전달력을 가진다.

문서화도 마찬가지다. GitHub의 README.md 파일이나 발표 자료에는 프로젝트의 배경, 목적, 사용 기술, 실행 방법, 주요 결과를 체계적으로 정리해야 한다. 실험 데이터, 성능 비교표, 모델 선택 이유 등도 간단한 표나 그래프로 요약하면 신뢰감을 높일 수 있다. 단순한 나열이 아니라, 이야기처럼 흐름을 가진 문서가 기억에 오래 남는다.

또한 질문에 대비하는 것도 중요하다. 발표 중 예상 질문을 미리 정리하고, 자신의 의사결정 과정을 근거 중심으로 설명할 준비를 해두자. "왜 이 모델을 선택했는가?", "성능이 낮았던 원인은 무엇이었는가?", "실제 적용에 어떤 제한이 있었는가?"와 같은 질문은 항상 등장한다. 답변을 통해 논리적 사고와 실전 감각을 함께 보여줄 수 있다.

AI 프로젝트 발표는 단순한 설명이 아니라, 기술을 통해 문제를 해결한 '이야기'를 전달하는 시간이다. 사람의 마음을 움직이는 발표와 문서는 기술 그 자체보다 더 강력한 인상을 남긴다.

60. AI 해커톤에서 주목받는 발표 기법

AI 해커톤은 단기간에 문제를 정의하고, 솔루션을 개발한 뒤, 결과물을 발표하는 실전 무대다. 기술력뿐 아니라 기획력, 커뮤니케이션 능력, 팀워크까지 평가되기 때문에, 발표는 그 자체로 하나의 '전략적 무기'가 된다. 특히 많은 팀들이 비슷한 아이디어를 가지고 나오는 만큼, 어떻게 설명하고 설득하느냐에 따라 결과가 달라진다.

해커톤 발표의 핵심은 '문제의 명확성'이다. 왜 이 문제를 선택했는지, 그것이 얼마나 실질적이고 중요한 문제인지 청중이 공감할 수 있어야 한다. 기술적인 디테일보다, 문제 정의와 공감의 설계가 훨씬 큰 영향을 미친다. 발표 초반에는 사용자 입장에서의 불편함이나 실제 사례를 제시하며 몰입감을 끌어내는 것이 좋다.

다음은 솔루션의 직관성이다. 개발한 AI 시스템이 어떤 구조로 동작하는지 복잡하게 설명하기보다는, '어떻게 작동하고, 어떤 결과를 주며, 왜 효과적인지'를 간단히 시각 자료로 전달해야 한다. 시연 영상이나 실시간 데모가 가능하다면 그 자체로 큰 강점이 된다. 코드보다 결과, 모델보다 변화를 보여주는 데 집중하자.

그리고 '팀워크'와 '실행 가능성'도 중요한 평가 요소다. 단순한 기술 구현을 넘어서, 누가 어떤 역할을 맡았고, 어떻게 협업했고, 향후 실제 서비스로 확장 가능한지를 구체적으로 제시해야 한다. 이 과정에서 프로젝트의 완성도뿐 아니라, 현실 적용에 대한 설계력까지 함께 어필할 수 있다.

마지막으로, 발표는 스토리텔링이다. 문제 상황 → 해결 아이디어 → 구현 과정 → 결과 및 기대 효과 → 향후 계획 순으로 하나의 이야기처럼 연결되면, 기술적인 설명이 없더라도 청중은 당신의 프로젝트에 깊이 몰입하게 된다. AI 해커톤에서 기억에 남는 팀은, 기술이 아니라 메시지를 잘 전달한 팀이었다.

PART 7. 개인 브랜딩과 전문가 포지셔닝 (61~70)

61. AI 블로그 운영 전략

AI 분야에서 개인 브랜딩을 시작하기에 가장 좋은 방법은 블로그다. 나의 학습 과정, 프로젝트 경험, 기술적인 통찰을 꾸준히 기록하면, 그 자체가 포트폴리오가 되고, 내 전문성을 알리는 창구가 된다. 블로그는 단순한 메모장이 아니라, 나라는 사람을 설명해주는 살아 있는 명함이다.

블로그 운영의 첫걸음은 '타깃 독자 설정'이다. 내가 쓸 글이 초보자를 위한 설명인지, 실무자를 위한 노하우인지, 취업 준비생을 위한 조언인지 명확히 정해야 한다. 이 타깃에 따라 글의 깊이, 언어, 사례가 달라진다. 예를 들어 "처음 배우는 ChatGPT 활용법"이라는 제목과 "LLM 아키텍처 성능 비교"는 완전히 다른 대상에게 말하는 글이다.

두 번째는 콘텐츠 기획이다. 학습한 내용을 단순히 요약하는 것도 좋지만, 내가 직접 부딪히며 느낀 고민,

시행착오, 해결 과정을 중심으로 풀어내면 독자와의 공감력이 높아진다. 프로젝트를 하면서 마주한 에러 해결기, 논문 읽고 요약한 정리글, Kaggle 대회 후기 등도 매우 인기 있는 콘텐츠다. 중요한 건 '정리의 습관'을 통해 배운 것을 내 것으로 만드는 것이다.

세 번째는 꾸준함과 브랜딩이다. 하루 10명이 보더라도, 매주 한 편씩 6개월만 써도 20편이 넘는 지식 자산이 쌓인다. 그리고 글마다 태그를 통일하고, 프로필 소개와 글 톤을 일관되게 유지하면, 하나의 AI 전문가 브랜드로 인식되기 시작한다. LinkedIn, Notion, 브런치 등 다른 채널과 연결해 활용하면 확장 효과도 크다.

블로그는 당신의 생각, 경험, 가치를 축적하는 플랫폼이다. 기술보다 더 중요한 건 '사람의 언어로 말할 수 있는 능력'이다. 글을 쓰는 사람은 성장하고, 공유하는 사람은 기억된다. AI 시대, 전문가는 말하는 사람보다 보여주는 사람이다.

62. 브런치, 노션으로 콘텐츠 자산 만들기

지식은 쓰고 쌓아야 자산이 된다. 매일 배우고 실습하는 내용을 나만 알고 끝내는 것이 아니라, 체계적으로 정리해서 공유하면 그 자체가 브랜딩이자 전문성의 증거가 된다. 특히 브런치와 노션은 AI 학습자와 실무자에게 지식 자산을 구축하기에 최적화된 플랫폼이다.

브런치는 감성적인 글쓰기와 시각적 디자인이 강점이다. 학습 후기, 인사이트 에세이, 기술 칼럼 등을 스토리텔링 형식으로 풀어내면 더 많은 사람들의 공감과 관심을 받을 수 있다. 단순히 정보 전달이 아니라, '나의 관점'이 담긴 글을 통해 AI 전문가로서의 색깔을 자연스럽게 드러낼 수 있다. 구독자와 팬층을 형성하는 데도 효과적이다.

반면, 노션은 체계적인 정리에 탁월하다. 프로젝트별 폴더, 학습별 아카이빙, 링크 · 자료 · 코드 · 요약을 한눈에 보기 좋게 구성할 수 있어 나만의 AI 위키를 만들 수 있다. 특히 포트폴리오 페이지, 공부 루틴, 실습 기록을 시간순 · 주제순으로 정리해두면 나중에 참고하거나 공유하기에 매우 유용하다.

이 두 플랫폼은 함께 쓸 때 시너지가 크다. 노션으로 자료를 정리하고, 브런치로 스토리를 써서 발행하는 방식이다. 학습 내용을 문서화하고, 그 문서를 대중이 읽을 수 있는 콘텐츠로 바꾸는 과정을 통해, 나만의 AI 커리큘럼과 브랜딩을 동시에 구축할 수 있다.

콘텐츠는 쓸수록 쌓이고, 쌓일수록 영향력이 생긴다. 오늘의 정리 한 편이, 내일의 제안서가 되고, 모레의 강연 주제가 되기도 한다. AI 실력은 코드와 데이터로, 전문가의 가치는 콘텐츠로 증명된다.

63. 강연과 웨비나로 영향력 키우기

AI 실력은 눈에 보이지 않지만, 강연과 웨비나는 그 실력을 세상에 보여줄 수 있는 무대다. 단순히 잘 아는 것을 넘어, 잘 설명하고 전달하는 능력은 전문가로서의 인식을 높이는 핵심 도구다. 특히 온라인 중심의 시대에 웨비나는 누구나 쉽게 시작할 수 있고, 작은 시작이 커다란 기회로 확장되기도 한다.

처음에는 소규모 웨비나나 스터디 그룹 발표부터 시작

하면 좋다. 내가 공부한 내용을 10분, 20분 짧게 요약해서 발표하고, 질문을 주고받는 과정을 반복하면 발표력과 사고 정리 능력이 급격히 향상된다. 특히 'AI를 처음 배우는 사람에게 어떻게 설명할 것인가'를 고민하면서, 본인의 지식도 더 깊어지고 명확해진다.

강연을 기획할 때는 주제를 구체적으로 설정하는 것이 중요하다. "생성형 AI 트렌드 정리", "ChatGPT 실무 활용법", "AI 프로젝트 발표 노하우"처럼 명확한 주제와 타깃이 있으면 더 많은 관심을 끌 수 있다. 발표 자료는 간결하게, 예시는 구체적으로, 흐름은 이야기처럼 구성하는 것이 좋은 강연의 기본이다.

웨비나는 녹화와 재활용이 가능하다는 점에서 콘텐츠 자산화에도 유리하다. 발표 영상을 유튜브, 브런치, 노션에 올리면 더 많은 사람들과 공유할 수 있고, 한 번의 강연이 여러 채널을 통해 수십 번의 노출 효과를 만들 수 있다. 반복될수록 신뢰와 전문성은 자연스럽게 따라온다.

말하는 사람은 기억된다. 강연과 웨비나는 단지 '알

리는 활동'이 아니라, 스스로를 성장시키고 브랜딩하는 가장 빠른 길이다. 지식은 나눌 때 살아나고, 영향력은 말할 때 생겨난다.

64. 전문성과 신뢰감을 주는 글쓰기

AI 전문가로서 브랜딩을 구축하려면 글쓰기가 꼭 필요하다. 단순히 잘 쓰는 글이 아니라, 전문성과 신뢰감을 동시에 주는 글이 중요하다. 독자는 화려한 문장보다도, '이 사람이 실제로 경험했고, 알고 있고, 신뢰할 수 있는 사람인지'를 글을 통해 판단한다. 그래서 기술적인 실력뿐 아니라, 그 실력을 어떻게 표현하느냐가 핵심이 된다.

전문성을 보여주는 글은 '깊이 있는 정보'를 바탕으로 한다. 단순한 요약이 아니라, 내가 직접 경험한 것, 프로젝트를 통해 배운 점, 특정 문제를 어떻게 해결했는지 구체적으로 서술하면 글에 무게감이 생긴다. 특히 숫자, 결과, 사례를 포함하면 독자에게 실제감을 준다. "정확도가 91.3%로 향상되었다"는 표현은 막연한 설명보다 훨씬 강력하다.

신뢰를 주는 글은 '솔직한 태도'에서 나온다. 모든 것이 잘된 것처럼 포장하기보다, 어려웠던 점, 실수한 과정, 시행착오를 드러내면 오히려 공감과 신뢰를 얻는다. 독자는 '완벽한 사람'보다 '성장하는 사람'에 더 끌린다. 특히 AI처럼 빠르게 변하는 분야에서는, 전문가의 솔직한 고민과 통찰이 훨씬 더 값진 콘텐츠가 된다.

또한 글의 구조도 중요하다. 서론-본론-결론의 흐름을 기본으로 하되, 핵심 메시지를 앞부분에 명확히 전달하고, 소제목과 리스트로 가독성을 높이면 전문적인 인상을 준다. 글은 기술을 설명하는 동시에, 나라는 사람을 설계하는 도구다.

결국 전문성은 '지식'에서 시작되지만, 신뢰감은 '태도'에서 완성된다. 글쓰기는 당신이 어떤 전문가인지 조용히, 그러나 강력하게 말해주는 도구다.

65. LinkedIn 프로필 최적화

글로벌 AI 전문가로서 자리매김하려면 LinkedIn은 반드시 활용해야 할 플랫폼이다. 단순한 이력서 기능을 넘어서, 전문성을 보여주고, 네트워크를 확장하며, 기회를 연결하는 글로벌 브랜딩 도구이기 때문이다. 특히 AI 분야에서는 채용 담당자, 협업 파트너, 투자자 모두 LinkedIn을 기준으로 당신을 검색하고 판단한다.

LinkedIn 프로필에서 가장 중요한 부분은 '헤드라인'이다. 단순히 "AI Learner"가 아니라, "Generative AI 기반 콘텐츠 자동화 프로젝트 수행 중 | GPT 활용 워크플로우 설계 경험 보유"처럼 역할과 강점을 구체적으로 표현해야 검색 노출과 관심을 끌 수 있다. 헤드라인은 단 한 줄이지만, 당신의 이미지를 좌우하는 강력한 문장이다.

다음은 '소개 요약(Summary)'란이다. 이 공간은 나의 경험, 관심 분야, 프로젝트, 가치관을 스토리 형식으로 풀어낼 수 있는 공간이다. 문장형으로 부드럽게 쓰되, 중간중간 주요 키워드(예: NLP, LLM, Fine-tuning, AI Product Design 등)를 포함하면 검색 최적화에 유리하다. 무엇을 했는지가 아니라, 무엇을 할 수 있는지를 중심으로 서술하는 것이 좋다.

'경력(Experience)'과 '프로젝트(Project)' 항목에는 숫자와 결과 중심으로 서술하자. "챗봇 개발 프로젝트에 참여"보다 "고객 문의 자동화 챗봇 개발 – 응답 시간 70% 단축, 만족도 15% 향상"처럼 성과 중심의 표현이 설득력을 높인다. 또한 GitHub, 노션 포트폴리오 링크를 삽입하면 신뢰도가 더 높아진다.

LinkedIn은 단순한 프로필이 아니라, 전문가로서의 신뢰를 쌓는 디지털 자산이다. 매달 한 번씩 업데이트하고, 관심 있는 분야의 글을 공유하거나 댓글을 달며 꾸준히 활동하면, 그 자체가 당신을 AI 전문가로 자리잡게 해줄 것이다.

66. 나만의 AI 키워드 만들기

브랜딩은 단지 이름을 알리는 것이 아니라, 특정 키워드와 연결된 사람으로 기억되는 것이다. 수많은 AI 전문가 중에서 '당신'을 차별화하려면, 사람들이 떠올릴 수 있는 나만의 키워드를 정립해야 한다. 이 키워드는 당신의 관심사, 전문 분야, 경험, 방향성을 모두 담은 하나의 요약이다.

예를 들어 누군가는 "생성형 AI 콘텐츠 자동화"로, 또 다른 누군가는 "AI 기반 학습 시스템 기획"이나 "노코드 AI 개발"로 자신만의 영역을 설정할 수 있다. 중요한 건 '모든 걸 다 할 수 있다'가 아니라, '이 분야에선 이 사람이 있다'라는 인식을 만드는 것이다. 선택과 집중이 곧 브랜딩의 출발점이다.

나만의 키워드를 만들기 위해선 먼저 내가 반복해서 다루는 주제, 자주 사용하는 도구, 즐겨 읽는 자료를 분석해보자. 그런 다음 그것들을 조합하여 짧고 명확한 표현으로 정리해보면 된다. 예: "프롬프트 엔지니어링 전문가", "GPT-기반 커스터마이징 실무자", "실전형 AI 강의 기획자" 등. 이 키워드는 블로그, 링크드인, 발표, 명함 어디에나 반복해서 사용할 수 있다.

또한 키워드는 고정된 것이 아니라, 발전하는 정체성

이다. 학습이 깊어질수록, 프로젝트 경험이 쌓일수록 키워드는 더 정교해질 수 있다. 중요한 건 처음부터 완벽하게 정하는 것이 아니라, 의식적으로 설정하고 계속 업데이트하는 습관이다.

사람들은 모든 것을 기억하지 않는다. 단 하나의 키워드로 당신이 떠오를 수 있다면, 이미 브랜딩의 80%는 성공한 것이다.

67. 네이버 인플루언서 등록과 운영법

AI 전문가로서 대중적인 신뢰와 노출을 동시에 얻고 싶다면, 네이버 인플루언서 등록은 매우 유효한 전략이다. 검색 기반의 노출 구조를 가진 네이버에서는 인플루언서로 등록된 계정이 블로그, 포스트, 지식iN에서 우선적으로 노출되고, 전문가로서의 권위를 인정받기 때문이다. 특히 AI처럼 신기술에 대한 관심이 높은 분야에서는 인플루언서 등록만으로도 차별화된 포지셔닝이 가능하다.

인플루언서 등록을 위해서는 우선 블로그나 포스트를

통해 일정 수준 이상의 콘텐츠를 운영해야 한다. AI 관련 글을 주 1~2회 이상 꾸준히 작성하고, 키워드를 명확히 설정하면 심사 통과 확률이 높아진다. "AI 실무 활용법", "ChatGPT 프롬프트 정리", "AI 트렌드 요약" 같은 주제는 검색 수요도 많고, 콘텐츠 경쟁력도 높다.

등록이 승인되면 '인플루언서 홈'이라는 전용 페이지가 주어진다. 이곳에는 내 분야, 콘텐츠 목록, 대표 영상 등을 등록할 수 있고, 팔로워 관리와 소통도 가능하다. 특히 관심사를 태그로 연결하면, 특정 주제 검색 시 우선 노출되는 구조라 AI 전문가로서의 입지를 빠르게 구축할 수 있다. 또한 지식iN 답변 시 '인플루언서 답변'으로 표시돼 신뢰도를 크게 높일 수 있다.

운영 전략은 '콘텐츠+키워드+소통'이다. 콘텐츠는 꾸준하고 일관되게, 키워드는 검색에 맞춰 전략적으로, 소통은 댓글과 지식iN을 통해 적극적으로 이어가야 한다. 단순히 정보만 올리는 것이 아니라, '사람이 보이는 콘텐츠'를 만드는 것이 중요하다.

네이버는 여전히 국내 최대의 검색 창구다. 그 중심에서 AI 전문가로 자리 잡는 가장 빠른 길이 바로 인플루언서 등록과 운영이다. 기술과 콘텐츠, 그리고 사람이 만나는 이 플랫폼에서, 당신의 전문성은 더욱 돋보이게 된다.

68. 미디어에 소개되는 전문가가 되는 법

AI 실력을 갖추는 것과, 그 실력을 세상에 알리는 것은 다른 문제다. 아무리 뛰어난 기술을 가지고 있어도, 노출되지 않으면 기회는 생기지 않는다. 미디어에 소개된다는 것은 단지 유명해지는 것이 아니라, '공적 신뢰'를 얻는 것이다. 그것은 협업, 강연, 출판, 컨설팅 등 다양한 기회의 문을 여는 열쇠가 된다.

미디어에 소개되기 위한 첫걸음은 '명확한 정체성'이다. AI라는 거대한 분야 중 어떤 영역에서 활동하고 있는지를 구체적으로 표현할 수 있어야 한다. 예를 들어 "생성형 AI 콘텐츠 자동화 전문가", "AI 실무 강의자", "데이터 기반 문제 해결가"처럼 자신만의 포지션을 만들어야 한다. 미디어는 기술자가 아니라 이야기할 수 있는 전문가를 원한다.

두 번째는 콘텐츠 발행이다. 블로그, 브런치, 유튜브, LinkedIn 등에서 꾸준히 콘텐츠를 올리는 사람은, 검색 결과에 더 자주 등장하게 된다. 기자나 방송 관계자도 검색을 통해 인터뷰 대상자를 찾는 경우가 많기 때문에, 콘텐츠는 단순한 기록을 넘어 당신을 대표하는 공개 이력서다.

세 번째는 직접 제안하기다. IT 전문 매체, 스타트업 미디어, AI 뉴스레터 등에는 '기고', '인터뷰 제안', '칼럼 제공' 같은 창구가 열려 있다. 내가 진행한 프로젝트나 새로운 인사이트를 정리해서, 간결한 요약과 함께 담당자에게 이메일을 보내보자. 생각보다 많은 미디어는 전문성을 갖춘 사람을 찾고 있다.

중요한 것은 기술의 깊이뿐 아니라, 그 기술을 '이야기할 줄 아는 능력'이다. 미디어는 당신의 목소리를 통해 대중에게 AI를 설명하고 싶어 한다. 나를 드러내는 것을 두려워하지 말자. 드러나는 사람만이 선택된다.

69. 인터뷰와 기사 요청을 받는 비결

인터뷰 요청이나 기사 제안은 우연히 찾아오는 것이 아니다. 대부분은 전략적으로 노출된 사람, 신뢰를 구축한 사람에게 찾아온다. 즉, 미디어 관계자가 '이 사람이라면 정확하고 유익한 말을 해줄 것 같다'고 판단할 수 있을 만큼의 공개 정보가 쌓여 있어야 한다. 그 모든 시작은 '콘텐츠'와 '브랜딩'이다.

가장 먼저 준비할 것은 명확한 포지셔닝이다. AI 전체를 아우르는 전문가보다는, '생성형 AI 활용법 전문가', '중소기업용 AI 자동화 컨설턴트'처럼 구체적이고 차별화된 주제를 갖고 있어야 한다. 기자나 작가가 당신을 설명할 때, 한 문장으로 정의할 수 있다면 인터뷰 요청의 확률은 크게 높아진다.

다음은 콘텐츠 아카이빙이다. 블로그, 유튜브, LinkedIn, 노션 등 다양한 채널에서 꾸준히 자신의 관점을 담은 글을 발행하고, 특히 검색이 잘 되는 플랫폼 (네이버 블로그, 브런치 등)에는 인터뷰 각도로 활용 가능한 글을 올려두는 것이 좋다. 제목부터 "AI로 업무를 자동화한 실전 사례", "ChatGPT로 1인 기업 운영하기"처럼 스토리성 있게 작성해보자.

그리고 연결 포인트를 만들어두는 것도 중요하다. 프로필 링크에 이메일, 포트폴리오, 인터뷰 수락 가능 여부 등을 명시해두면 접근성이 높아진다. 한두 번의 인터뷰가 공개되면, 그 이후에는 다른 요청이 '도미노처럼' 이어지는 경우도 많다. 처음 한 건이 중요한 이유다.

마지막으로, 인터뷰를 받았다면 반드시 그 기록을 다시 정리해서 콘텐츠화하자. 기사 링크를 블로그에 소개하거나, 느낀 점을 정리한 후속 포스트를 작성하면 신뢰도는 물론 검색 노출까지 극대화할 수 있다. 인터뷰는 기회이자, 브랜딩의 증폭기다.

70. 출판을 통한 브랜딩의 힘

AI 전문가로서 자신을 가장 강력하게 브랜딩하는 방법 중 하나는 '책을 쓰는 것'이다. 블로그나 영상도 좋지만, 출판은 단단한 신뢰를 형성하는 상징적인 도구다. 출판을 한 사람은 단순한 정보 제공자가 아니라, 자기 철학과 노하우를 체계화한 전문가로 인식된다.

책 한 권은 단순히 콘텐츠의 집합이 아니다. 그것은 당신의 경험, 시선, 문제 해결력, 그리고 미래에 대한 제안이 모두 담긴 지적 자산이다. 특히 AI처럼 빠르게 변하는 분야에서, 지금 이 시점에 어떤 인사이트를 갖고 있는지를 책으로 정리해낸다는 것은, 시대의 흐름을 해석하는 전문가로서의 위치를 확보하는 일이다.

출판을 위해 반드시 대단한 경력이 필요한 것은 아니다. 특정 분야에 집중한 실전 경험, 반복 실습을 통한 통찰, 구체적인 워크플로우와 사례 중심의 콘텐츠는 오히려 초보자에게 더 유익하고 실용적이다. 오히려 현장감 있는 목소리와 구체적인 경험담이 책의 차별점이 될 수 있다.

또한 책은 기회의 문을 연다. 강연 요청, 인터뷰, 컨설팅 제안, 콘텐츠 연재 등 다양한 브랜딩 채널이 '출판 경험자'라는 타이틀을 기준으로 들어오기 시작한다. 자신만의 키워드를 책 제목이나 부제에 담아두면, 검색과 회자 가능성도 높아진다.

출판은 단순한 자기 과시가 아니라, '나는 이런 가치
와 관점을 세상에 제안한다'는 선언이다. AI 시대,
기술을 넘어 철학을 말할 수 있는 사람. 바로 그 사람
이 진짜 전문가로 자리매김하게 된다.

PART 8. AI로 수익 창출하기 (71~80)

71. AI 콘텐츠 유료화 전략

AI 기술을 배우고 활용하는 것에서 그치지 않고, 그 지식을 수익으로 전환하는 방법을 고민해야 할 시점이다. 특히 블로그 글, PDF 자료, 노션 정리, 강의 슬라이드, 템플릿 등 내가 만든 AI 콘텐츠는 유료화 가능한 자산이 된다. 중요한 건 '정보' 자체보다, 그 정보를 어떻게 가공해 누군가에게 가치 있게 제공하느냐다.

유료 콘텐츠로 전환하기 좋은 유형은 명확하다. 실무에 바로 쓸 수 있는 툴 설명서, 프롬프트 모음, 실습 가이드, 사용 템플릿 등은 독자들이 시간을 절약할 수 있는 자료로 매우 선호한다. 예를 들어, "마케터를 위한 GPT 활용 프롬프트 50선", "1인 기업을 위한 자동화 플로우 정리" 같은 콘텐츠는 작지만 강력한 유료 상품이 될 수 있다.

판매 플랫폼은 다양하다. 브런치+스토어팜, 탈잉 클

래스, 오드클래스, 크몽, 탈잉, 블로그+PDF 결제 링크, Gumroad, Teachable 등 원하는 방식에 따라 쉽게 유료 콘텐츠를 올릴 수 있다. 특히 국내 플랫폼은 홍보 지원 기능도 있어 초기 노출에 유리하고, 해외 플랫폼은 영어로 확장할 수 있는 장점이 있다.

콘텐츠 유료화의 핵심은 '신뢰 기반 가격 형성'이다. 처음부터 고가로 설정하기보다, 무료 콘텐츠로 충분한 신뢰를 먼저 확보하고, 소액부터 시작해 점차 확장하는 전략이 유효하다. 예: 무료 PDF → 2천 원짜리 실전 가이드 → 3만 원짜리 강의 → 고급 컨설팅으로 이어지는 구조.

AI 시대에는 지식 자체보다 그 지식을 실천 가능하게 만든 사람이 더 큰 가치를 가진다. 내가 아는 것을 수익화하는 것은 부끄러운 일이 아니라, 시대가 요구하는 전문가의 역할이다.

72. 온라인 강의로 수익 모델 만들기

지금은 누구나 강사가 될 수 있는 시대다. 특히 AI처럼 새로운 기술이 빠르게 퍼지는 분야에서는, 조금 먼저 배운 사람의 경험과 설명이 큰 가치를 가진다. 온라인 강의는 단순한 정보 전달이 아니라, 나의 지식과 노하우를 구조화해 타인에게 '이해 가능한 경험'으로 바꿔주는 과정이며, 그 자체로 지속 가능한 수익 모델이 된다.

온라인 강의는 완벽한 전문가가 아니어도 충분히 시작할 수 있다. 오히려 'AI를 처음 배울 때 어려웠던 점', '실제 업무에 적용해본 과정' 같은 실전적인 내용이 더 큰 공감을 얻는다. 예를 들어 "직장인을 위한 ChatGPT 활용법", "노코드로 AI 자동화 구축하기" 같은 주제는 수요가 매우 크다. 핵심은 '타깃이 누구인가'와 '이 강의를 들으면 무엇이 달라지는가'를 명확히 하는 것이다.

강의 구성은 짧고 명확해야 한다. 5~10분 단위의 마이크로 러닝 방식으로, 이론보다는 실습 위주로, 템플릿이나 실전 사례 중심으로 구성하면 수강생 만족도가 높아진다. 특히 Notion 정리 자료나 프롬프트 PDF, 코드 예제 파일 등 부가 자료를 함께 제공하면 가성비 있는 강의로 평가받는다.

플랫폼 선택도 중요하다. 탈잉, 클래스101, 인프런, 오드클래스, 유데미, 티처블 등은 다양한 수익 분배 모델과 홍보 지원 기능을 제공한다. 초반에는 무료 체험 강의나 할인 쿠폰 등을 활용해 수강생을 확보하고, 후기와 입소문을 통해 점차 확장하는 것이 좋다.

온라인 강의는 나의 지식 자산을 시간과 장소에 구애받지 않고 수익화하는 방법이다. 그리고 그 강의를 만든 경험은 또 다른 콘텐츠와 브랜딩 자산으로 확장된다. 당신의 경험은 이미 누군가에게 배움이 될 준비가 되어 있다.

73. 1:1 코칭 및 그룹 컨설팅 수익화

AI 실력을 기반으로 가장 빠르게 수익을 만들 수 있는 방법 중 하나는 1:1 코칭과 그룹 컨설팅이다. 강의가 불특정 다수를 대상으로 한다면, 코칭은 특정 개인이나 조직의 상황에 맞는 맞춤형 솔루션을 제공하는 과정이다. 바로 이 '맞춤형' 이라는 가치가 프리미엄 수익 구조를 만들어준다.

1:1 코칭은 예비 창업자, 프리랜서, 직장인, 강사, 교육자 등 각자의 목적을 가진 고객에게 AI 활용법을 알려주는 방식이다. 예를 들어 "나만의 ChatGPT 업무 자동화 루틴 만들기", "AI를 활용한 콘텐츠 제작 구조 설계"와 같이 구체적인 목표와 단계별 실행계획을 제공하면, 고객은 시간을 절약하고 실행력을 높이게 된다.

그룹 컨설팅은 소규모 비즈니스 팀이나 조직을 대상으로 AI 전략을 수립해주는 방식이다. 특히 스타트업, 1인 기업, 교육기관 등은 AI 도입을 고민하지만 어디서부터 시작할지 모르는 경우가 많다. 이들에게 '업무 진단 → 자동화 도입 → 도구 추천 → 활용 교육'까지의 일련의 워크플로우를 제시하면 높은 만족도를 얻을 수 있다.

코칭과 컨설팅을 위한 준비는 복잡하지 않다. 노션으로 간단한 제안서와 체크리스트를 만들고, Zoom으로 세션을 진행하거나, 템플릿과 PDF 자료를 제공하면 된다. 특히 블로그나 강의, SNS에서 관심을 보인 사람들에게 '상담 신청' 유도 버튼을 두는 것만으로도 충분한 수요를 확보할 수 있다.

당신이 지금까지 쌓은 경험은 누군가에게는 수개월의 시행착오를 줄여줄 나침반이 될 수 있다. 깊이 있는 1:1 소통을 통해 더 큰 가치를 만들고, 그 가치를 정당한 가격으로 제공하는 것. 그것이 AI 전문가의 다음 수익 모델이다.

74. AI 기반 전자책 제작과 판매

이제는 누구나 작가가 될 수 있는 시대다. 특히 AI 도구를 활용하면 전자책 제작의 진입 장벽은 더 낮아진다. 콘텐츠 기획부터 집필, 편집, 디자인, 판매까지의 전 과정을 자동화하거나 반자동화할 수 있기 때문이다. 시간은 절약되면서도, 품질은 유지되는 스마트한 출판 방식이 가능해졌다.

전자책의 핵심은 '명확한 문제 해결'이다. 독자는 재미보다 실용성을 우선한다. "ChatGPT 프롬프트

100선", "1인 기업을 위한 업무 자동화 가이드", "AI로 콘텐츠 제작하는 법" 같은 주제는 실제로 수요가 많고, 구매로 바로 이어진다. AI 기술을 응용한 실습 중심 전자책은 특히 높은 평가를 받는다.

작성 도구로는 Notion, Google Docs, Typora, ChatGPT 등을 활용할 수 있다. 목차 설계와 원고 초안은 ChatGPT로 빠르게 생성하고, 문체나 흐름은 사용자가 편집하면서 보완하는 방식이 일반적이다. 표지 디자인은 Canva, 이미지 생성은 Midjourney나 DALL·E로 대체할 수 있어 전문 디자이너 없이도 고품질 결과물을 만들 수 있다.

판매 플랫폼으로는 브런치북+스토어팜, 클래스101북스, 이북포털, PDF 유료 배포(Gumroad, 크몽, 탈잉 등)가 활용된다. 핵심은 홍보다. 블로그나 SNS를 통해 미리보기 콘텐츠를 배포하고, 독자 리뷰와 후기 이미지를 전략적으로 확산시키면 유기적인 판매가 이어진다.

AI 전자책은 단순한 지식 공유를 넘어, 지속 가능한

수익 모델이자 강력한 브랜딩 도구다. 당신이 알고 있
는 것을 정리하고, 세상에 제안하는 것. 그것이 지금
가장 빠르게 전문가가 되는 길일 수 있다.

75. 유료 뉴스레터 발행하기

뉴스레터는 단순한 메일이 아니라, 관계를 만들어가는
콘텐츠 채널이다. AI 시대에는 정보가 넘치기 때문에,
누군가가 '선별하고 요약해주는 콘텐츠'에 대한 수
요가 점점 커지고 있다. 바로 그 지점을 공략하는 것이
유료 뉴스레터다. 당신의 지식과 큐레이션 역량이 정
기적인 수익으로 전환될 수 있는 구조다.

뉴스레터의 핵심은 '타깃 독자'를 명확히 설정하는
것이다. 예를 들어 "AI를 처음 배우는 사람", "1인
기업 마케터", "프리랜서 디자이너" 등 특정 그룹
을 설정하고, 그들이 매주 어떤 정보나 인사이트를 기
대할지를 기획해야 한다. 뉴스레터는 '불특정 다수'
보다 '정해진 독자에게 딱 맞는 정보'를 주는 채널
이다.

콘텐츠 구성은 간결하고 실용적이어야 한다. 예: "이번 주 AI 트렌드 3가지", "추천 프롬프트와 사용 사례", "유용한 오픈소스 도구 소개" 등으로 구성된 뉴스레터는 구독자에게 반복적으로 가치를 제공한다. 텍스트 위주로 구성해도 되며, Notion이나 Beehiiv, 스티비 같은 도구를 활용하면 발행도 간편하다.

유료화를 위한 방법은 크게 두 가지다. 첫째, 무료 뉴스레터로 시작해 구독자를 모은 후, 일부 콘텐츠나 아카이브를 유료로 전환하는 모델. 둘째, 처음부터 월 구독료를 받는 프리미엄 모델. 특히 유료 콘텐츠가 유일하거나 실무 적용성이 높다면, 정기 구독을 유도하기 쉽다.

뉴스레터는 '신뢰'를 바탕으로 성장하는 수익 구조다. 매주 정해진 시간에, 정해진 형식으로, 정해진 가치를 전달하는 것. 이 작은 루틴이 쌓이면, 그 자체가 브랜드가 되고, 수익이 되는 구조가 완성된다.

76. B2B AI 솔루션 제안서 작성법

AI 전문가로서 수익을 확장하고 싶다면, 기업 대상 (B2B)의 솔루션 제안 능력은 반드시 갖춰야 할 역량이다. 많은 기업들은 AI를 도입하고 싶어하지만, '어떻게 적용해야 하는지'에 대한 구체적인 로드맵이 없다. 바로 그 지점을 채워주는 제안서가 곧 기회가 된다.

좋은 AI 제안서의 핵심은 기술 설명이 아니라 문제 해결 관점이다. "귀사의 고객 응대 프로세스를 GPT 기반 챗봇으로 자동화해 응답 시간을 50% 줄이고, 운영 비용을 절감할 수 있습니다"처럼, 명확한 문제 정의 + 기대 효과 중심으로 구성하는 것이 좋다. 기술 용어는 최소화하고, 비전문가도 이해할 수 있도록 설명해야 한다.

제안서는 보통 다음과 같은 구조로 구성된다:

고객사의 문제 상황 요약
솔루션 개요 (도입 목적, 구조 설명)
도입 효과 및 기대 성과
도입 절차 및 일정

필요 예산과 유지보수 방안

차별점 및 FAQ

이렇게 구성하면 설득력 있고 신뢰감 있는 제안서가
된다.

시각 자료도 중요하다. GPT 구조도, 자동화 흐름도,
사용자 인터페이스 예시 등을 포함하면, 기업 입장
에서 훨씬 이해하기 쉽다. 특히 Notion이나 Google
Slides로 만든 정리된 제안서 포맷은 공유와 수정이
편리하고, 전문가다운 인상을 준다.

B2B 제안은 단순한 판매가 아니라, 파트너십을 제안
하는 것이다. 단기 계약이 아니라, 함께 성장할 수 있
는 방향을 제시할 수 있어야 한다. AI 기술이 아닌,
'비즈니스 가치'를 중심으로 소통할 때, 제안은 수
주로 이어지고, 전문가의 신뢰는 비즈니스로 확장된
다.

77. 스킬셋 기반 AI 프리랜서 시작

고정된 조직에 소속되지 않고도 AI 기술로 수익을 창출할 수 있는 방법, 그것이 바로 프리랜서다. 특히 GPT, 자동화 도구, 데이터 분석, 프롬프트 설계, 챗봇 개발 등 특정 AI 스킬셋을 가진 사람이라면, 지금 당장이라도 프리랜서로 일할 수 있다. 핵심은 '내가 어떤 문제를 해결해줄 수 있는가'를 명확히 제시하는 것이다.

AI 프리랜서로 시작하려면 먼저 자신의 기술을 구체적으로 정리해야 한다. "ChatGPT 프롬프트 설계 가능", "Notion 기반 업무 자동화 구축", "CSV 데이터 분석 및 시각화 가능"처럼 서비스를 정의하고, 예시 결과물을 함께 준비해두자. 클라이언트는 '무엇을 해줄 수 있는지'를 한눈에 보고 싶어 한다.

프리랜서 플랫폼 선택도 중요하다. 크몽, 숨고, 탈잉, 위시켓, 브런치 커넥트 등의 국내 플랫폼은 접근성이 좋고, Fiverr, Upwork, Freelancer 같은 글로벌 플랫폼은 영어 커뮤니케이션이 가능하다면 더 큰 시장에 도전할 수 있다. 특히 포트폴리오와 함께 간단한 자기소개서와 업무 제안서도 미리 준비해두면 좋다.

중요한 것은 기술보다 고객의 니즈를 읽는 능력이다. "이 회사는 왜 AI를 도입하려고 할까?", "고객은 어떤 언어로 설명받기를 원할까?", "최소 비용으로 최대 효과를 내주는 방식은 무엇일까?" 이런 질문에 스스로 답할 수 있어야 한다. 기술자는 많지만, 문제 해결사는 드물다.

AI 프리랜서는 단순한 직업이 아니라, 내 기술과 시간, 경험을 직접 수익화하는 사업가의 마인드다. 지금의 작은 기술 하나도, 누군가에겐 절실한 해결책이 될 수 있다. 문제를 보고, 솔루션을 만들고, 그 가치를 제안하는 것. 그것이 AI 프리랜서의 시작이다.

78. 기술 기반 구독 서비스 운영

한 번의 판매보다 꾸준한 수익을 만드는 방법, 바로 구독 서비스다. AI 기술을 활용하면 '매달 자동으로 수익이 들어오는 구조'를 직접 설계할 수 있다. 콘텐츠, 도구, 템플릿, 분석 보고서 등 어떤 형태든 반복적으로 가치가 제공된다면 기술 기반 구독 모델로 발전시킬 수 있다.

가장 쉬운 시작은 콘텐츠 구독이다. 예: "매주 최신 AI 뉴스 요약", "매달 프롬프트 템플릿 업데이트", "실무 자동화 루틴 노션으로 제공" 등이다. Notion, Google Docs, Beehiiv, Email 기반으로도 가능하며, 크몽 구독형 상품이나 브런치+, 패트리온, Substack 등 다양한 플랫폼에서 손쉽게 시작할 수 있다.

한 단계 더 나아가면, GPT 기반 자동화 봇이나 데이터 분석 리포트를 제공하는 SaaS 형태로 확장할 수 있다. 예를 들어 "고객 리뷰 분석 자동화 보고서 제공", "직장인을 위한 프롬프트 모음지 자동 발송 시스템"처럼 실용성 있는 솔루션을 주기적으로 제공하는 구조다. 핵심은 반복 가능한 가치를 만들어내는 것이다.

구독 서비스는 신뢰가 가장 중요하다. 초반엔 저렴한 가격으로 시작해 충분한 가치를 경험하게 하고, 이후 고급형 상품으로 확장하는 방식이 유효하다. 서비스 안내 페이지, 이용 후기, 실제 사용 사례 등을 활용해 고객의 신뢰를 차곡차곡 쌓아가야 한다. 구독자는 단지 소비자가 아니라, 장기 고객이다.

AI 기반 구독 모델은 작은 가치를 꾸준히 제공하는 정직한 시스템이다. 내 기술과 지식이 지속 가능한 서비스로 작동하는 구조, 바로 그것이 진짜 전문가의 비즈니스다.

79. 플랫폼 없이 수익 내는 개인 모델

플랫폼의 도움 없이도, 나만의 방식으로 수익을 만들 수 있다. 꼭 인프런, 클래스101, 크몽 같은 플랫폼에 의존하지 않아도, 개인의 기술과 콘텐츠를 활용해 독립적인 수익 구조를 설계하는 것이 가능하다. 이른바 '1인 AI 사업가 모델'이다.

가장 기본은 직접 만든 전자책, 프롬프트 모음집, 템플릿, 실습 강의 자료 등을 PDF 혹은 링크 형태로 판매하는 방식이다. 블로그, 인스타그램, 카카오채널, 이메일 구독 등 나만의 채널에서 홍보와 유통을 동시에 운영하는 구조다. 수익의 전부가 내 몫이기 때문에, 작게 시작해도 효율은 높다.

결제 시스템은 간단하다. 카카오페이 송금 링크, 네

이버 폼＋계좌 안내, 또는 톡다, Gumroad, Toss Payments 같은 간편 결제 연동 툴을 활용하면 누구나 쉽게 만들 수 있다. Notion 페이지 하나로 쇼핑몰처럼 구성한 뒤, 고객이 내용을 보고 구매하는 구조로 충분히 운영 가능하다.

또한 무료 콘텐츠(블로그 글, 요약 콘텐츠 등)를 통해 신뢰를 먼저 쌓고, 유료 상품으로 자연스럽게 전환시키는 퍼널 구조를 만들면 안정적인 수익이 형성된다. 가장 중요한 건 신뢰와 반복 구매다. 고객이 "이 사람은 진짜 도움이 된다"고 느끼면, 소개와 재구매는 자연스럽게 따라온다.

플랫폼 없이도 가능한 시대다. 도구보다 중요한 것은 내가 해결할 수 있는 문제, 내가 줄 수 있는 가치, 그리고 나만의 관점이다. 플랫폼은 수단일 뿐, 진짜 비즈니스는 사람과 사람 사이에서 시작된다.

80. 지속 가능한 수익 구조 만들기

한 번의 수익은 누구나 만들 수 있다. 하지만 진짜 중요한 건 반복되는 수익, 스스로 유지되는 구조다. AI 전문가로서 수익을 만들었다면, 이제는 그것을 지속 가능한 시스템으로 만드는 전략을 고민해야 한다. 이는 단순한 콘텐츠 생산을 넘어, 비즈니스 모델 설계의 영역이다.

지속 가능성의 첫 번째 조건은 '반복성과 자동화'다. 수익을 내기 위한 모든 과정을 매번 수작업으로 한다면, 금방 지치고 멈추게 된다. 반면, 자동 이메일 발송, 콘텐츠 예약 배포, 뉴스레터 자동 등록, 챗봇을 통한 고객 응대 등 시스템을 구축해두면 시간을 절약하면서도 안정적인 수익 창출이 가능해진다.

두 번째는 '수익원 다변화'다. 전자책 판매, 뉴스레터 구독, 강의, 코칭, 프로젝트 제안, B2B 제안서 등 다양한 수익 흐름을 연결해 두면 한 채널의 변화에도 흔들리지 않는다. 각각의 수익 모델이 서로를 밀어주는 구조(예: 뉴스레터로 강의 유입, 강의 후 코칭 연결)를 만들면 전체 생태계가 유기적으로 순환한다.

세 번째는 '브랜드 자산화'다. 콘텐츠, 후기, 인터

뷰, 강연 영상, 미디어 노출, 검색 노출 기록 등은 모두 당신의 가치를 입증하는 자산이 된다. 한 번 만든 자료는 재활용할 수 있고, 쌓이면 전문가로서의 신뢰를 높여준다. 브랜딩이 곧 마케팅이며, 마케팅이 곧 수익을 지속시키는 힘이 된다.

AI 기술은 도구다. 그 도구를 통해 문제를 해결하고, 사람을 돕고, 가치를 전달할 수 있다면, 그 자체가 하나의 사업이 된다. 한 번이 아니라, 꾸준히. 단기 수익이 아니라, 오래가는 영향력. 그것이 지속 가능한 AI 전문가의 수익 전략이다.

PART 9. 윤리와 인간 중심 AI 전문가 되기 (81~90)

81. 기술보다 먼저 고려해야 할 가치

AI는 세상을 바꾸는 기술이지만, 그 기술이 어떤 방향으로 쓰이느냐는 결국 사람의 선택에 달려 있다. AI 전문가가 되기 위해 가장 먼저 갖춰야 할 것은 알고리즘이나 코드가 아니라, 기술을 바라보는 철학과 가치 기준이다. 기술은 빠르게 발전하지만, 윤리는 한 걸음 더 앞서 있어야 한다.

AI는 개인의 데이터를 다루고, 자동으로 판단을 내리고, 때로는 사람의 삶에 영향을 주는 결정을 대신한다. 이런 기술이 공정하지 않거나 편향되어 있다면, 기술은 도움이 아니라 위험한 도구가 될 수 있다. 그래서 AI 개발자는 기술적 역량만큼이나 인간 중심의 사고와 윤리적 기준을 가져야 한다.

가장 먼저 고려해야 할 가치는 '존중'이다. 기술이 사람을 대체하려고 하기보다는, 사람을 더 돋보이게 만들고, 사람의 가능성을 확장시키는 방향으로 쓰여야 한다. 예를 들어, 고객 응대를 자동화한다고 해도 그 응답이 공감 없고 기계적인 말만 반복한다면 진정한 가치는 사라진다. 결국, 기술은 사람을 위한 것이어야 한다.

다음은 '책임'이다. AI는 스스로 판단하는 듯 보이지만, 그 판단의 기준은 결국 사람이 만든 데이터와 알고리즘에 기반한다. 어떤 결과가 잘못되었을 때 그 책임을 AI에게 넘길 수 없다. 결정의 기준을 설계한 사람이 책임을 져야 한다. 이것이 진짜 전문가의 자세다.

기술은 강력하다. 그러나 그 기술을 어디에, 어떻게, 왜 쓰는가를 결정하는 것은 오직 사람이다. AI 전문가의 첫 걸음은 기술이 아니라 가치에서 시작된다. 방향 없는 속도보다, 가치 있는 느림이 더 멀리 간다.

82. AI의 윤리적 문제들

AI는 그 자체로 도덕성을 가진 존재가 아니다. 그러나 그 AI가 인간 사회에 미치는 영향은 점점 더 깊어지고 있다. 그렇기 때문에 AI를 설계하고 사용하는 우리는 반드시 윤리적 질문을 함께 품고 있어야 한다. 기술이 발전할수록, 윤리의 무게는 더 커진다.

가장 많이 제기되는 윤리적 문제는 '편향(Bias)'이다. AI는 데이터를 학습해 결정을 내리는데, 그 데이터 자체가 편향되어 있다면 결과도 왜곡된다. 예를 늘어, 채용 AI가 특정 성별이나 학력, 인종에 따라 불공정한 평가를 내리는 사례는 이미 현실이 되었다. 이는 데이터가 중립적이지 않다는 사실을 인식하는 데서 윤리가 시작된다.

또 하나는 '투명성(Transparency)'과 '설명 가능성(Explainability)'이다. 사용자는 AI가 어떤 기준으로 판단을 내렸는지 알 권리가 있다. 하지만 많은 AI 시스템은 그 내부 구조가 너무 복잡하거나 비공개되어 있어, '왜 그런 결과가 나왔는지' 설명할 수 없는 문제가 생긴다. 신뢰를 위해선 기술보다 설명이 먼저다.

'프라이버시 침해'도 중요한 이슈다. AI는 막대한 데이터를 필요로 하고, 그 과정에서 개인의 민감한 정보까지 수집, 분석하는 경우가 많다. 어디까지가 합법적이고, 어디까지가 도덕적인지에 대한 명확한 기준 없이는, 편리함을 명분 삼아 사생활을 침해하게 될 위험이 크다.

AI 윤리는 단지 기술자를 위한 담론이 아니다. 우리는 모두 AI를 사용하고, 영향을 받는 시대를 살아가고 있다. 그래서 AI의 윤리적 문제는 곧 우리 사회 전체의 미래를 결정짓는 문제이기도 하다.

83. 책임 있는 AI 설계란 무엇인가

AI가 인간의 판단을 보조하거나 대체하는 시대, 우리는 더 이상 기술을 설계하는 사람만이 아니라, 책임을 설계하는 사람이 되어야 한다. '책임 있는 AI 설계'란 단순히 잘 작동하는 시스템을 만드는 것이 아니라, 잘못 작동했을 때를 대비하고 설명할 수 있는 시스템을 만드는 일이다.

책임 있는 AI 설계의 첫 번째 원칙은 '설명 가능성'이다. 어떤 알고리즘이 어떤 데이터를 바탕으로 어떤 판단을 내렸는지를 누구나 이해할 수 있게 만드는 것이 중요하다. 특히 결과에 따라 사람의 삶에 영향을 미치는 분야—예: 의료, 교육, 채용 등—에서는 이 설명 가능성이 곧 신뢰의 기준이 된다.

두 번째는 '책임 주체의 명확화'다. AI가 내린 결정을 누가 최종적으로 승인하고, 문제가 발생했을 때 누가 책임을 질 것인가를 처음부터 명확히 정해야 한다. 시스템을 만든 개발자, 운영하는 관리자, 의사결정을 내리는 사용자 모두가 역할에 따른 책임과 권한을 갖는 구조가 필요하다.

세 번째는 '불확실성 인정과 대비'다. AI는 100% 정확한 존재가 아니다. 오류 가능성을 인정하고, 그 오류가 미칠 영향력을 줄이는 설계를 해야 한다. 예: 신뢰도가 낮은 예측에는 인간의 최종 검토를 넣는다든지, 민감한 상황에서는 AI의 개입을 제한하는 방식이다.

책임 있는 AI 설계는 결국 기술 이전에 사람을 먼저 고려하는 태도에서 시작된다. 기술은 능력의 문제지만, 책임은 태도의 문제다. 진짜 전문가란, AI를 잘 만드는 사람이 아니라, AI가 잘못될 수 있는 상황까지 상상하고 준비하는 사람이다.

84. 투명성과 설명 가능성의 중요성

AI가 삶의 깊은 영역에 침투할수록, 우리는 단순히 결과가 아닌 과정을 설명할 수 있는 시스템을 요구하게 된다. 바로 이 지점에서 '투명성'과 '설명 가능성'은 AI 신뢰의 핵심 조건이 된다. AI가 내놓은 결과가 아무리 정교하더라도, 왜 그런 판단을 했는지 알 수 없다면 사람들은 그 결과를 믿지 못한다.

투명성이란 AI가 어떤 데이터로 학습했고, 어떤 알고리즘을 거쳐 결과를 냈는지 누구나 확인 가능하도록 공개하는 구조를 말한다. 이는 특히 공공기관, 의료, 교육, 금융처럼 인간의 권리와 밀접한 분야에서 필수적이다. 데이터 출처와 처리 방식이 모호하다면, 편향과 차별 문제는 언제든 발생할 수 있다.

설명 가능성은 그보다 더 실질적인 개념이다. 사용자

가 AI의 판단 근거를 쉽게 이해할 수 있도록 설명해주는 구조다. 예: "이 상품을 추천한 이유는 최근 검색어와 관심 카테고리 때문입니다"처럼, 단순하지만 사용자가 납득할 수 있는 설명이 함께 제공되는 시스템이 신뢰를 만든다.

이 두 가지는 단순히 윤리적 가치를 넘어서, 비즈니스와 법적 안정성을 위한 요소이기도 하다. AI가 낸 결과에 대해 설명할 수 있어야 책임소재도 명확해지고, 법적 분쟁에서의 방어력도 생긴다. 신뢰할 수 있는 AI = 설명 가능한 AI라는 공식을 기억해야 한다.

기술은 복잡할 수 있다. 하지만 사용자는 단순함을 원한다. 결국 투명성과 설명 가능성은 기술의 수준이 아니라 사용자를 향한 태도의 수준에서 결정된다. AI 시대의 신뢰는 설명할 수 있는 사람이 만든다.

85. 알고리즘이 차별을 만드는 방식

AI는 스스로 차별하지 않는다. 그러나 사람이 만든 데이터와 구조 속에서 차별을 학습하고 재생산한다. 이른바 '알고리즘적 차별'은 의도와 무관하게 발생하는 경우가 많기 때문에, 더욱 주의 깊은 설계와 감시가 필요하다. 기술은 중립이 아니라, 설계자의 관점을 반영하는 거울이다.

예를 들어, 채용 알고리즘이 과거 채용 데이터를 기반으로 학습했다면, 그 데이터에 남아 있는 성별, 나이, 학력에 대한 편견을 그대로 반영하게 된다. 이로 인해 특정 그룹이 자동으로 낮은 평가를 받거나, 기회에서 배제되는 현상이 발생한다. 알고리즘은 차별을 만들기보다, 존재하던 차별을 강화하는 경향이 있다.

또한 추천 시스템이나 광고 시스템에서도 차별은 발생한다. 특정 검색어를 입력했을 때, 성별이나 인종, 위치에 따라 전혀 다른 결과가 나타난다면 그것은 단순한 개인화가 아니라, 편향된 판단의 반복일 수 있다. 알고리즘은 수치로 판단하지만, 사람은 맥락을 본다. 그래서 그 차이를 무시한 결과는 종종 부당함으로 느껴진다.

더 복잡한 문제는 이런 차별이 '조용히' 진행된다는

점이다. 사용자는 왜 이런 결과가 나왔는지 알 수 없고, AI는 스스로 설명하지 않는다. 그래서 초기 설계 단계에서부터 데이터의 다양성, 알고리즘의 균형, 테스트의 공정성을 고려해야 한다. 윤리와 포용성은 처음부터 함께 설계되어야 하는 요소다.

AI는 도구다. 그리고 도구는 사용하는 사람의 가치관을 반영한다. 차별 없는 기술은 차별을 인식할 수 있는 설계자에게서 나온다. 알고리즘이 더 많은 사람을 배려할 수 있도록 만드는 것이, 진짜 AI 전문가의 책임이다.

86. 인간과 AI의 건강한 협업

AI는 사람을 대체하는 것이 아니라, 사람과 함께 더 나은 결과를 만들어내는 도구다. 그래서 AI 시대의 핵심 화두는 '경쟁'이 아니라 '협업'이다. AI가 잘하는 것과 인간이 잘하는 것을 구분하고, 서로의 강점을 살리는 방식으로 협력할 때 진짜 혁신이 일어난다.

AI는 방대한 데이터를 빠르게 분석하고, 반복 작업을

자동화하며, 예측 가능한 문제를 해결하는 데 강하다. 반면 인간은 감정, 직관, 맥락 이해, 창의적인 사고, 도덕적 판단에 강점을 가진다. 이 두 존재가 각자의 영역에서 최선을 다할 때, 시너지 있는 팀워크가 가능해진다.

예를 들어 콘텐츠 제작에서는 AI가 초안을 만들고, 사람이 맥락과 감정을 담아 퇴고한다. 고객 상담에서는 챗봇이 자주 묻는 질문에 빠르게 답변하고, 복잡한 문제는 사람이 처리한다. 의료 현장에서는 AI가 진단을 보조하고, 의사가 최종 판단을 내린다. 이런 방식이 바로 인간과 AI의 건강한 파트너십이다.

중요한 것은 역할의 경계가 아니라, 책임의 균형이다. AI가 제안한 판단이 틀렸을 때, 그것을 검토하고 조정하는 책임은 결국 인간에게 있다. 또한 AI가 실수하거나 오작동했을 때, 이를 인지하고 수정할 수 있는 체계를 갖추는 것도 인간의 몫이다.

AI는 도구고, 사람은 주체다. 건강한 협업이란, AI를 통제하면서도 존중하고, 사람의 한계를 인정하면서도 중심을 놓지 않는 균형 감각이다. AI와 함께 일하는 시대에는, 사람다움을 지키는 능력이 경쟁력이다.

87. 인간 중심 설계 사례

AI가 아무리 똑똑해도, 그것이 사람을 배려하지 않는 다면 좋은 기술이라고 말할 수 없다. 인간 중심 설계 란, 기술의 성능보다 사용자의 경험, 안전, 감정, 맥락 을 우선하는 접근 방식이다. 이는 단순한 UI/UX를 넘 어, 기술 전체의 철학과 구조를 다시 설계하는 것이다.

대표적인 사례 중 하나는 AI 기반 의료 진단 시스템이 다. 단순히 질병을 예측하는 기능을 넘어서, 환자에게 불안을 주지 않도록 결과를 설명하는 방식, 의료진과 협업할 수 있는 인터페이스, 환자의 개인정보를 보호 하는 보안 설계까지 고려한 시스템이 인간 중심 설계 의 좋은 예다.

또 다른 사례는 고령자 맞춤형 AI 스피커다. 복잡한 명령어 없이도 음성으로 쉽게 사용할 수 있도록 하고, 말투를 부드럽게 설계하며, 응급 상황 인지를 위한 센서를 연동하여 고립된 사용자를 보호한다. 기술보다 사람의 입장을 먼저 생각했기 때문에 가능한 설계다.

교육 분야에서는 AI 튜터 시스템이 있다. 학생의 학습 속도와 스타일을 분석해 맞춤형 피드백을 주고, 틀린 문제에 대해 비난하지 않고 격려하는 방식으로 동기를 유도한다. 학습 효과만 추구하는 것이 아니라, 학생의 자존감과 심리적 안전까지 고려한 설계가 돋보인다.

인간 중심 설계는 기능이 아니라 '사람에 대한 이해'에서 출발한다. 기술이 사람을 도와야지, 사람을 고치려 들어서는 안 된다. 결국 좋은 AI는 잘 만든 AI가 아니라, 잘 배려한 AI다.

88. 기술 중독과 정보 과잉의 시대

AI가 우리 삶을 편리하게 만들어주는 것은 사실이지만, 동시에 기술에 지나치게 의존하고, 정보에 압도되는 부작용도 함께 커지고 있다. 인간 중심의 AI 전문가가 되기 위해선 이런 시대적 흐름 속에서 '어떻게 건강하게 기술을 사용할 것인가'를 함께 고민해야 한다.

기술 중독은 '없으면 불안한 상태'를 의미한다. 스마트폰 없이는 일상생활이 어렵고, 알림이 없으면 불안하며, AI 도구 없이 아무것도 하지 못할 것 같은 의존 상태는 점점 많은 사람들에게 나타나고 있다. 이것은 생산성의 문제를 넘어 자율성과 사고력을 잠식하는 위험이다.

정보 과잉은 또 다른 문제다. 하루에도 수천 개의 콘텐츠가 쏟아지고, AI는 그 속에서 더 많은 정보를 추려 보여주지만, 결국 우리는 선택하지 못하는 피로감 속에 빠지게 된다. 알고리즘이 추천해주는 정보만 접하게 되면서, 점점 더 좁은 관점에 갇히는 '필터 버블' 현상도 심화되고 있다.

AI 전문가라면 이런 문제를 방관해서는 안 된다. 기술을 만드는 사람이자 사용하는 사람으로서, 사용자의 정신적 건강과 정보의 균형을 고려한 설계를 해야 한다. 예: 일정 시간 이상 사용 시 휴식 알림을 주는 UI, 정보보다 통찰을 제공하는 콘텐츠 구조, 선택을 돕는 요약 기능 등은 작지만 의미 있는 배려다.

기술은 더 많은 것을 가능하게 하지만, 더 많은 것을 요구하기도 한다. AI 시대에 필요한 것은 '더 강한 기술'이 아니라 '더 깊은 자각'이다. 정보 속에서 길을 잃지 않고, 기술 속에서도 나다움을 잃지 않기 위한 노력이 그 무엇보다 중요하다.

89. 공감력 있는 AI 전문가가 되는 길

AI는 데이터를 통해 판단하지만, 사람은 감정을 통해 연결된다. 그래서 진짜 전문가가 되기 위해선 기술적 정교함보다 '인간을 이해하는 능력', 즉 공감력이 더욱 중요해진다. 기술 중심 시대일수록, 사람을 향한 따뜻한 감각이 더 큰 차이를 만든다.

공감력 있는 AI 전문가란, 문제를 숫자와 알고리즘으로만 보지 않는다. 그 문제의 이면에 있는 사람의 감정, 맥락, 상황을 함께 바라본다. 예를 들어 고객 이탈 예측 모델을 설계하면서, 이탈의 원인을 '불만'으로만 보지 않고, 그 고객이 느낀 불편함과 상처까지 함께 읽어내는 시선이 필요한 것이다.

또한 공감력은 사용자 경험(UX) 설계에서도 중요하다. 단지 기능이 잘 작동하는 것이 아니라, 사용자가 느끼는 감정 흐름을 고려해야 한다. '답을 주는 AI'보다 '이해받는 느낌을 주는 AI'가 진짜로 사랑받는다. 챗봇 하나를 만들더라도, 문장의 어투, 단어 선택, 응답 속도 등 작은 요소들이 모두 공감의 언어가 될 수 있다.

공감력은 함께 일하는 동료, 고객, 협업 파트너와의 관계에서도 빛난다. 기술은 혼자 개발할 수 있지만, 영향력은 관계 속에서 확장된다. 상대방의 입장을 헤아리고, 기술적 용어 대신 쉬운 언어로 설명하며, '함께 잘되기 위한' 태도를 갖춘 전문가가 진짜로 오래가는 사람이다.

AI 전문가가 된다는 건 단순한 직업이 아니라, 새로운 시대의 리더가 된다는 뜻이다. 그 리더십은 지식이 아니라 감각, 이성보다 감정에 공감할 수 있는 능력에서 비롯된다. 공감할 수 있다면, 무엇이든 바꿀 수 있다.

90. 기술이 아니라 '사람'을 위한 전문가 되기

AI 기술은 날로 진화하고 있다. 하지만 기술 그 자체는 목적이 될 수 없다. 기술은 도구이고, 진짜 목적은 언제나 사람이어야 한다. 우리가 AI를 배우고 개발하고 활용하는 이유 역시, 결국은 사람의 삶을 더 편리하게, 더 따뜻하게 만들기 위해서다.

사람을 위한 전문가란, 기술의 성능보다 사람의 필요에 귀 기울이는 태도를 가진 사람이다. 단지 정확한 예측, 빠른 처리, 자동화된 결과에 만족하지 않고, 그것이 사람에게 어떤 영향을 주는지 고민한다. 기술이 사람을 힘들게 만들지 않도록, 기술로 사람을 외롭게 만들지 않도록 주의 깊게 설계한다.

'사람을 위한 AI'란 사용자 중심의 기능을 넘어, 인간의 존엄과 감정을 지키는 기술을 뜻한다. 의료 AI는 환자의 불안을 줄이고, 교육 AI는 학생의 자신감을 키우며, 복지 AI는 소외된 이웃을 배려해야 한다. 기술의 진보는 수치가 아니라, 사람의 삶이 좋아졌는가로

측정되어야 한다.

사람을 위한 전문가가 되기 위해선 질문의 방향부터
바꿔야 한다. "무엇을 만들 수 있는가?"가 아니라
"누구에게 도움이 되는가?"를 먼저 물어야 한다. 그
리고 그 답을 향해 기술을 설계하고, 콘텐츠를 기획하
고, 서비스를 개발하는 사람이 진짜 전문가다.

AI 시대의 리더는 가장 앞서가는 기술자가 아니라, 가
장 따뜻한 시선을 가진 기획자다. 기술보다 사람이 먼
저라는 이 한 문장이, 앞으로 당신의 모든 선택을 이끄
는 나침반이 되어줄 것이다.

PART 10. AI 미래 예측과 리더십 전략 (91~100)

91. 대규모 모델 이후의 기술 흐름

GPT, Claude, Gemini 등 대형 언어모델(LLM)의 등장은 AI 기술의 기준을 바꿔놓았다. 이제는 수십억 개의 파라미터를 가진 모델들이 사람과 거의 구별되지 않는 자연어 생성 능력을 보여주고 있다. 하지만 대규모 모델의 시대는 시작일 뿐, 끝은 아니다. 이 흐름은 더 작고, 빠르고, 맞춤화된 방향으로 진화하고 있다.

첫 번째 흐름은 경량화와 로컬화다. 지금까지는 대규모 서버 기반의 AI가 주류였다면, 앞으로는 개인 디바이스에서 구동 가능한 경량 모델이 주목받는다. 예: Meta의 LLaMA, Google의 Gemma, Apple의 온디바이스 AI 등. 이는 프라이버시 보호와 속도, 비용 면에서 큰 장점을 가진다.

두 번째는 멀티모달 AI의 확장이다. 텍스트뿐 아니라 이미지, 음성, 영상, 센서 데이터를 함께 이해하고 처리하는 모델들이 빠르게 발전하고 있다. OpenAI의

GPT-4V, Google Gemini, Meta의 ImageBind 등이 대표적이다. 이들은 인간처럼 '복합적인 상황'을 이해할 수 있는 AI를 지향한다.

세 번째는 맞춤형 AI(Custom AI)다. 사용자의 목적에 따라 프롬프트 튜닝, 파인튜닝, RAG(Retrieval-Augmented Generation) 등을 활용해, 특정 분야에 최적화된 AI를 만드는 것이 대세가 되고 있다. 기업은 범용 모델보다 '나만을 위한 AI'에 더 많은 가치를 둔다.

네 번째는 에이전트 AI다. 단순한 생성에서 벗어나, 목표 달성을 위한 계획 수립, 의사결정, 실행까지 수행하는 능동형 AI가 등장하고 있다. 대표적으로 AutoGPT, Devin, MetaGPT 등이 있으며, 이는 AI가 '도구'가 아니라 '협업 파트너'로 진화하는 신호다.

이후의 AI는 크기보다 지능의 질, 응용의 깊이, 인간과의 연결 방식으로 평가될 것이다. 기술은 계속 진화하지만, 방향은 오히려 더 실용적이고, 현실적인 문제 해결 중심으로 수렴되고 있다.

92. AI와 Web3, 블록체인의 결합

AI는 데이터를 중심으로, Web3는 소유권과 분산화를 중심으로 발전해왔다. 겉보기에 이질적인 두 기술이지만, 지금 이 순간 AI와 Web3의 결합은 새로운 디지털 생태계를 형성하고 있다. 데이터가 곧 자산이 되는 시대, 누가 데이터를 만들고 소유하며 활용할지를 다시 정의하게 된 것이다.

가장 주목할 분야는 AI 모델의 탈중앙화다. 기존에는 대형 기업의 서버에서 AI 모델을 독점적으로 운영했다면, Web3 기반에서는 개인이나 커뮤니티가 AI 모델을 배포하고 운영하며, 그 사용에 따른 보상을 투명하게 분배하는 구조가 가능하다. 예: Bittensor, Gensyn 등은 분산형 AI 학습 네트워크를 실현하고 있다.

또한 Web3는 데이터의 신뢰성과 투명성을 보장하는 데 강점을 가진다. 블록체인을 통해 AI 모델의 학습

데이터, 결정 과정, 결과 수정 이력 등을 기록하면, AI
의 '신뢰 문제'를 보완할 수 있다. 이는 공공 AI, 금
융 AI, 의료 AI 등 고신뢰 분야에서 매우 중요한 요소
가 된다.

NFT와 AI의 결합도 흥미롭다. AI가 생성한 콘텐츠
(그림, 글, 음악 등)를 NFT로 발행하면, 그 창작물의
소유권과 수익 분배를 명확히 할 수 있다. AI와 크리
에이터의 협업 구조가 공정하게 보상될 수 있는 기반
이 Web3로 가능해진다. 이는 창작자 경제의 새로운
기회를 연다.

궁극적으로 AI와 Web3의 결합은 '기술 민주화'를
가속화한다. 중앙 플랫폼에 종속되지 않고, 누구나 기
술을 만들고 공유하며, 공정하게 보상받는 생태계. 이
조합은 단순한 트렌드가 아니라, 새로운 디지털 윤리
와 경제 구조의 탄생이다.

93. 초개인화와 AI 맞춤 기술

모든 사용자가 똑같은 경험을 하는 시대는 끝났다. 이
제는 한 사람, 한 순간, 한 목적에 맞춘 '초개인화'

가 디지털 기술의 핵심 방향이 되고 있다. 특히 AI는 이 초개인화를 실현하는 데 가장 적합한 도구이며, 이미 다양한 산업에서 빠르게 구현되고 있다.

초개인화란 단순한 '추천'이 아니라, 사용자의 성향, 맥락, 행동 데이터를 실시간으로 분석해 가장 적절한 형태로 정보와 서비스를 제공하는 것이다. 예: 건강 앱에서 개인의 운동량, 식단, 수면 데이터를 바탕으로 맞춤형 식이요법을 제안하거나, 이커머스 플랫폼이 고객의 구매 히스토리와 기분까지 반영해 상품을 보여주는 방식이 대표적이다.

이런 초개인화를 가능하게 하는 기술이 바로 파인튜닝(fine-tuning), 프롬프트 엔지니어링, RAG(지식 결합형 생성), 사용자 피드백 기반 강화 학습(RLHF) 등이다. 이제는 AI를 누구나 쓸 수 있는 것에서 더 나아가, '나에게 맞게 훈련된 AI'를 갖는 것이 경쟁력이 되고 있다.

초개인화는 교육, 금융, 헬스케어, 콘텐츠, 고객 서비스 등 거의 모든 분야에서 활용된다. AI 튜터는 학습자 개개인의 이해도에 따라 피드백을 달리 주고, AI 상담 봇은 고객의 기분과 언어 패턴에 따라 말투를 조절한다. 심지어 AI 작곡가는 사용자 기분에 맞는 음악을 실시간 생성하기도 한다.

중요한 것은, 이 모든 맞춤화가 '배려의 기술'이 되어야 한다는 점이다. 기술이 사용자를 분석하고 예측할 수는 있지만, 그 정보가 강요나 오용이 되어서는 안 된다. 초개인화는 데이터의 섬세한 해석이자, 사용자에 대한 존중의 표현이어야 한다.

94. AI와 창의성의 경계

AI는 이제 단순 반복이나 계산을 넘어, 창작의 영역까지 들어왔다. 그림을 그리고, 음악을 만들고, 시를 쓰고, 영상을 편집하는 AI는 더 이상 상상이 아니다. 하지만 이 지점에서 우리는 반드시 묻게 된다. "창의성은 누구의 것인가?" "AI가 만든 창작물은 진짜 창작일까?"

AI는 기존 데이터를 바탕으로 새로운 조합을 만들어

낸다. 이는 분명히 '창조'에 가까운 행동이지만, 그 본질은 패턴의 인식과 재배열이다. 인간의 창의성은 경험과 감정, 무의식의 연결, 때로는 실패와 시행착오에서 비롯되는 '예측 불가능성'에 있다. 이 차이는 여전히 크고 본질적이다.

하지만 AI는 인간의 창의성을 확장시키는 도구로서 막강한 힘을 가지고 있다. 예를 들어, 글을 쓰는 사람에게 초안과 영감을 제공하고, 디자이너에게 콘셉트를 제시하고, 뮤지션에게 새로운 사운드를 실험하게 해준다. 결국 중요한 건 AI가 창작하느냐가 아니라, AI와 함께 창작하는 사람이 어떻게 생각하고 선택하느냐다.

창의성의 경계는 더 이상 'AI는 못 한다'는 구분이 아니다. '무엇을 AI에게 맡기고, 무엇을 내가 할 것인가', 이 질문이 창작자에게 더 중요해진다. AI의 창작이 위협이 아닌 협업이 되는 순간, 인간의 창의성은 더욱 깊고 넓어질 수 있다.

기술은 도구다. 창의성은 방향이다. 방향을 결정하는 사람만이, 기술의 진짜 주인이 될 수 있다.

95. 기술 발전의 임계점은 어디인가

AI는 매일같이 새로운 기록을 세우고 있다. 더 빠른 처리 속도, 더 큰 파라미터 수, 더 자연스러운 대화 능력. 하지만 우리는 묻지 않을 수 없다. 이 발전은 어디까지 갈 수 있는가? 그리고 그 끝에는 무엇이 기다리고 있을까?

기술 발전의 임계점이란 단순히 '더 이상 발전할 수 없는 순간'이 아니다. 오히려 그것은 기술이 사람에게 주는 가치가 일정 수준을 넘지 못하고 정체되거나, 오히려 해가 되기 시작하는 지점일 수 있다. 아무리 정교한 생성형 AI라도, 인간이 감당할 수 없는 정보량을 제공하거나, 창의성과 사고를 대체하기 시작한다면 그것은 발전일까, 위협일까?

또 하나의 임계점은 윤리와 법의 속도가 기술을 따라가지 못할 때이다. AI가 자율적으로 행동하고, 판단하며, 사회에 영향을 미치는데도 이에 대한 책임 주체와 기준이 모호하다면, 기술은 발전했지만 사회는 위기에 처할 수 있다. 기술의 진보는 사회 시스템과 함께 가야만 진짜 진보다.

기술이 기술을 낳고, 더 이상 인간이 핵심 역할을 하지
않게 되는 순간 역시 임계점이다. 예: AI가 AI를 훈련
시키고, 관리하고, 개선하는 메타 시스템이 등장하는
흐름. 이때 우리는 기술을 '이해'하는 것이 아니라
'감시'하거나 '신뢰'해야만 하는 상황에 처할 수
있다. 이는 전혀 다른 세계다.

그래서 기술 발전의 진짜 임계점은 기술 자체가 아니
라, 그 기술을 사용하는 인간의 방향성에 있다. 기술은
어디까지 갈 수 있는가보다, 우리는 어디까지 가고 싶
은가가 더 중요한 질문이다.

96. AI 시대의 교육 혁신

AI는 모든 산업을 바꾸고 있지만, 그 중에서도 가장
근본적인 변화가 일어나는 분야는 교육이다. 왜냐하면
교육은 단순히 지식을 전달하는 것이 아니라, 사람을
기르고, 사고를 형성하며, 미래를 준비하게 하는 과정
이기 때문이다. 그리고 AI는 이 과정을 더 깊고 넓게,
그리고 완전히 다르게 만들 수 있다.

우선 개인 맞춤형 학습이 가능해졌다. AI는 학습자의 수준, 관심사, 이해도, 학습 속도 등을 실시간으로 분석하고, 그에 맞는 콘텐츠와 피드백을 제공한다. 교사가 모든 학생을 동일한 커리큘럼으로 이끌던 시대에서, 이제는 각자의 학습 경로를 설계할 수 있는 시대가 열린 것이다.

또한 AI 튜터와 챗봇 선생님이 학습자의 질문에 즉각적으로 반응하며, 반복 설명과 정리, 예제 생성까지 수행한다. 이는 특히 대규모 학급이나 비대면 학습 환경에서 매우 유용하다. 무엇보다 학습자는 더 이상 기다리지 않고, 언제든 학습하고 피드백 받을 수 있는 자율성을 확보하게 된다.

AI는 교육자에게도 기회를 제공한다. 강의 자료 자동 생성, 학습 데이터 분석, 과제 자동 채점, 커리큘럼 개인화 도우미 등 다양한 업무가 자동화되면서 교사는 '정보 전달자'에서 '학습 촉진자'로 그 역할이 전환되고 있다. 이는 교육의 질적 혁신과 본질 회복으로 이어진다.

AI 시대의 교육은 '정보를 많이 아는 사람'을 기르는 것이 아니다. '정보를 해석하고, 비판하고, 창조할 수 있는 사람'을 키워야 한다. AI와 함께 배우되, AI를 넘어서 생각할 수 있는 힘. 그것이 진짜 교육 혁신의 방향이다.

97. 글로벌 기술 트렌드 따라잡기

AI는 국경이 없는 기술이다. 하루에도 수십 개의 논문과 도구, 플랫폼이 전 세계에서 쏟아지고 있고, 그 흐름을 따라잡는 것은 전문가의 기본 역량이자 생존 전략이다. 글로벌 기술 트렌드를 읽는 능력은 단순한 정보 소비가 아니라, 미래를 읽는 안목을 키우는 것이다.

첫 번째는 해외 플랫폼과 채널을 활용한 정보 수집이다. Arxiv, Hugging Face, OpenAI, Meta AI, Google DeepMind, GitHub Trending 등은 최신 기술의 출발점이다. 여기에 더해 Substack, Medium, YouTube AI 채널, Reddit, X(구 트위터)의 연구자 계정 등을 구독하면 최신 흐름을 빠르게 파악할 수 있다.

두 번째는 관심 기술의 키워드를 추적하는 습관이다. 예를 들어 'Multimodal AI', 'LLM Compression', 'AI Agents', 'Synthetic Data', 'Fine-tuning' 같은 키워드는 시기에 따라 급부상하는 경우가 많다. 구글 알림(Google Alerts), Feedly 등을 활용해 매일 10분씩만 투자해도 기술 감각을 유지하는 데 큰 도움이 된다.

세 번째는 글로벌 행사와 콘퍼런스를 챙기는 것이다. NeurIPS, ICML, CVPR, ICLR, AAAI, SXSW, Web Summit 같은 행사에서 발표되는 주제와 키노트만 정리해도 다음 해의 AI 기술 방향을 예측할 수 있다. 해외 참가가 어렵더라도 유튜브나 블로그를 통해 요약 리뷰 콘텐츠를 소비하는 것도 효과적이다.

기술은 언제나 빠르다. 그러나 그 흐름을 꾸준히 추적하는 사람만이 그 변화 속에서 방향을 잡을 수 있다. AI 전문가라면, 기술을 따라가는 사람보다 흐름을 예측하고 제안하는 사람이 되어야 한다.

98. 10년 후 유망 AI 직무

AI 기술은 계속 진화하고 있지만, 진짜 중요한 질문은 이것이다. "앞으로 어떤 직무가 살아남을 것인가?" 그리고 "나는 그 안에서 어떤 역할을 준비할 수 있을까?" 기술이 빠르게 바뀌는 만큼, 직무의 정의와 필요 역량도 재편되고 있다. 지금 우리가 보는 직업 목록은 10년 후엔 완전히 달라질 수 있다.

첫 번째는 AI 프로덕트 디자이너다. 단순히 모델을 개발하는 것이 아니라, 사용자 경험과 서비스 흐름 속에서 AI 기능을 설계하는 직무다. 프롬프트 설계, 사용자 피드백 반영, 모델 인터페이스 기획 등을 포함하며, 기술과 인간 중심 사고가 동시에 요구되는 하이브리드 직군이다.

두 번째는 AI 에이전트 오케스트레이터다. 여러 개의 AI 도구나 에이전트를 조합해 하나의 워크플로우를 만들고 최적화하는 역할이다. 이미 Devin, AutoGPT, CrewAI 같은 프레임워크가 나오면서, 이 흐름은 빠르게 대중화되고 있다. 이는 마치 'AI 팀장' 처럼 AI

를 활용해 업무 전반을 설계하고 관리하는 역할로 진화하고 있다.

세 번째는 AI 윤리 및 정책 전문가다. 기술이 고도화 될수록 그로 인한 윤리적, 사회적, 법적 문제를 해결할 전문가가 필요하다. 데이터 보호, 알고리즘 편향, AI 책임 구조 설계, 사회적 수용도 분석 등은 앞으로 더욱 중요한 역할이 될 것이다.

네 번째는 AI 교육자 및 트레이너다. AI를 가르치는 일은 기술이 보편화될수록 더 필요해진다. 단순한 기술 전달이 아닌, 문해력(리터러시), 활용력, 판단력을 가르치는 교육자는 학교, 기업, 조직, 개인 대상 모두 에서 점점 더 주목받게 된다.

기술보다 빠르게 바뀌는 것은 직업이다. 그리고 유망 한 직무는 기술을 많이 아는 사람이 아니라, 기술을 더 잘 이해하고 연결하고 설명할 수 있는 사람에게 열려 있다. 지금 준비한다면, 10년 후 그 중심에 당신이 있을 수 있다.

99. 변화에 앞서 준비하는 3단계 전략

AI 시대는 예측이 아니라, 적응과 선제적 대응이 핵심인 시대다. 변화를 기다리는 것이 아니라, 변화를 먼저 준비하는 사람이 결국 앞서가게 된다. 그러나 '무엇을 준비할지' 막막한 사람에게는 구체적인 전략이 필요하다. 지금부터 소개할 3단계 전략은 누구나 실천할 수 있는 가장 현실적인 방향이다.

1단계: 기술 문해력 확보
AI를 개발하지 않더라도, 이해하고 활용할 수 있는 수준의 기술 문해력은 필수다. ChatGPT, 노코드 자동화 툴, 데이터 분석 도구 등 핵심 도구들을 직접 써보며 익숙해져야 한다. 영어, 수학, 통계에 대한 두려움 없이 도전해보는 습관이 첫 단추다. 기술을 겁내지 않고 다루는 태도가 시작점이다.

2단계: 나만의 적용 모델 설계
기술을 배웠다면, 이제 내 업무, 직업, 관심 분야에 AI를 어떻게 적용할 수 있을지를 설계해보아야 한다. 단순히 따라 하는 것이 아니라, '이 기술이 나에게 어떤 가치를 줄 수 있을까' 를 스스로 정의하는 것이다. 개인 업무 자동화, 콘텐츠 제작, 교육 커리큘럼 설계, 비즈니스 모델 고도화 등 구체적으로 연결해보자.

3단계: 공유와 브랜딩

마지막은 혼자만의 기술을 넘어서, 나의 경험과 관점을 콘텐츠로 만들어 세상과 공유하는 단계다. 블로그, 뉴스레터, 유튜브, 전자책, 강연 등 다양한 방식으로 사람들과 연결되면서, 전문가로서의 신뢰와 기회를 동시에 얻을 수 있다. 기술을 '나답게 말할 수 있는 사람' 이 가장 빠르게 성장한다.

변화는 막을 수 없다. 그러나 변화보다 한 걸음 먼저 움직이는 태도는 누구나 선택할 수 있다. 이 3단계 전략은 단순한 준비가 아니라, 스스로 시대를 이끄는 사람으로 바뀌는 과정이다.

100. 기술이 아닌 시대의 흐름을 읽는 법

AI 시대에 진짜 중요한 건 기술이 아니라 흐름을 읽는 능력이다. 어떤 기술이 떠오를지, 어떤 플랫폼이 성장할지, 무엇이 사람들의 행동을 바꾸고 있는지를 이해하는 사람만이 방향을 제대로 잡을 수 있다. 결국 기술은 수단일 뿐, 그 기술이 등장한 시대적 맥락이 핵심이다.

흐름을 읽는 첫 번째 방법은 '사람의 변화를 관찰하는 것'이다. 사람들의 소비 습관, 커뮤니케이션 방식, 학습 태도, 일하는 방식이 어떻게 달라지고 있는지를 꾸준히 살펴보면, 기술이 어디로 향하고 있는지 보이기 시작한다. AI가 확산되는 이유 역시 사람들의 니즈가 '속도, 자동화, 맞춤형 경험'으로 이동했기 때문이다.

두 번째는 기술의 생태계를 구조적으로 이해하는 것이다. 기술 그 자체보다, 그 기술이 어떤 산업과 연결되고, 어떤 기업이 주도하며, 어떤 인재를 필요로 하는지를 보는 시야가 중요하다. 예: 생성형 AI의 급부상은 클라우드, 반도체, API 시장과 동시에 연동된다. 흐름은 '점'이 아니라 '망'으로 읽어야 한다.

세 번째는 '무엇이 없어지는가'를 관찰하는 시선이

다. 새로운 것에만 집중하면 진짜 변화를 놓치기 쉽다. 반대로 사라지는 기술, 줄어드는 행동, 관심에서 멀어지는 서비스 등을 보면 새로운 기회가 떠오를 방향이 보인다. 흐름은 새로움보다 빈자리에서 시작된다.

기술은 계속 바뀔 것이다. 하지만 사람의 근본적인 욕구와 시대의 방향성은 더 천천히, 그러나 더 깊게 움직인다. 진짜 전문가란 도구를 좇는 사람이 아니라, 흐름을 해석할 줄 아는 사람이다.

PART 11. 김병완이 전하는 마지막 조언 (101~111)

101. AI 전문가가 된 후에도 계속 성장하는 법

전문가가 되는 것은 끝이 아니라 새로운 시작이다. 특히 AI처럼 변화가 빠르고 경쟁이 치열한 분야에서는 '한 번 전문가가 됐다'는 타이틀보다, 지속해서 성장하는 능력과 태도가 더 중요해진다. 성장은 단지 기술을 더 많이 배우는 것이 아니라, 어떤 관점으로, 어떤 방식으로 나를 확장시키는가에 달려 있다.

첫 번째는 '학습의 지속성'이다. 전문가가 된 이후에도 초심자의 자세로 배우고 탐구하는 습관을 유지해야 한다. 새로운 논문, 도구, 프레임워크, 트렌드를 꾸준히 따라가며 자신만의 속도로 소화하는 루틴을 만들자. 하루 30분, 매주 한 가지, 매달 하나의 실험. 작지만 꾸준한 학습이 전문가의 깊이를 만든다.

두 번째는 '경계 넘기'다. 기술에만 갇히지 말고 비즈니스, 인문학, 디자인, 교육, 심리 등 인접 분야로 시야를 넓히면 AI를 바라보는 관점 자체가 확장된다. 이

질적인 분야와의 연결 속에서 더 창의적인 아이디어와 문제 해결력이 자라난다. 진짜 전문가란 '융합적 사고'를 하는 사람이다.

세 번째는 '나눔과 피드백'이다. 성장의 마지막 단계는 공유다. 강연, 글쓰기, 협업, 커뮤니티 활동을 통해 자신의 지식과 경험을 나누다 보면 더 깊이 있는 질문을 받고, 더 명확한 답을 준비하게 된다. 배우는 사람보다 가르치는 사람이 더 빨리 성장하는 이유다.

전문가란 '많이 아는 사람'이 아니라, 끊임없이 나아가는 사람이다. AI 시대에 진짜 리더는 완벽한 사람이 아니라, 함께 성장할 줄 아는 사람이다. 지금의 당신도 충분히 그 자리에 설 수 있다.

102. 실력 있는 사람들의 일상 루틴

누군가를 보면 '왜 저 사람은 특별할까?'라는 질문이 들 때가 있다. 그 차이는 재능보다는 대부분 루틴에서 비롯된다. AI든, 글쓰기든, 기획이든, 결국 실력을 만드는 건 하루하루의 작지만 꾸준한 실천이다. 실력자들은 '특별한 사람'이 아니라, '특별한 하루'를 반복하는 사람들이다.

하루를 시작하는 루틴이 다르다. 실력 있는 사람은 보통 아침 시간을 자기 투자에 사용한다. 학습한 기술 복습, 뉴스레터 읽기, 실습 코드 실행, 글쓰기 같은 루틴이 반복된다. 이른 시간, 방해받지 않는 몰입의 순간은 하루 전체를 이끄는 기초가 된다.

그들은 '공부 시간'이 아니라 '학습 환경'을 만든다. 특정 시간에 책상 앞에 앉는 것뿐 아니라, 좋은 커뮤니티에 속해 자극을 받고, 목표를 공유하며 피드백을 주고받는 구조를 갖춘다. 혼자 꾸준히 하기 어렵다면, 함께 배우는 사람들과의 연결이 가장 강력한 동기부여다.

기록하는 습관도 중요하다. Notion, 블로그, 로그북, 캘린더 등 어떤 방식이든 매일의 학습, 실습, 통찰을 메모하는 습관은 생각을 정리하고, 스스로의 성장을 눈으로 확인하게 해준다. 기록은 '자기 자신과의 대화'이자, '미래의 나를 위한 선물'이다.

결국 실력은 운이나 영감이 아니라 루틴에서 비롯된다. 작지만 단단한 일상이 큰 차이를 만든다. 당신의 하루가 반복될수록, 그 반복이 당신을 특별한 사람으로 만들어줄 것이다.

103. 실패에서 배우는 AI 전략

AI 프로젝트는 실패 확률이 높다. 모델이 제대로 작동하지 않거나, 성능이 기대 이하이거나, 데이터가 엉망이거나, 사용자가 외면할 수도 있다. 하지만 실패는 AI 실전에서 피할 수 없는 과정이자, 가장 강력한 성장 도구다. 실력 있는 사람일수록 실패를 잘 다루고, 거기서 전략을 끌어낸다.

AI 전략의 첫 번째 실패는 '과도한 욕심'이다. 처음부터 완벽한 모델을 만들려고 하다가 방향을 잃기 쉽다. 실력자는 처음엔 작고 단순하게 시작하고, 검증하면서 확장한다. 오히려 빠른 실패(fail fast)를 통해 시행착오의 비용을 줄인다. 작은 단위의 실패는 큰 성공의 연습이다.

두 번째는 '데이터 과신'이다. 많은 초보자는 데이터가 많기만 하면 된다고 믿지만, 데이터의 질, 구조, 편향이 AI의 성능을 결정한다. 실패한 프로젝트를 되짚어보면 대부분 데이터에서 문제가 시작된다. 데이터를 의심하고, 다양한 관점으로 분석하는 태도가 진짜 전략이다.

세 번째는 '사용자 외면'이다. 기술은 훌륭하지만 사람이 쓰지 않는 경우다. 이때의 교훈은 '기술이 아니라 문제를 중심으로 설계해야 한다'는 것이다. AI는 솔루션이 아니라, 문제 해결의 도구다. 사용자의 맥락, 감정, 기대를 읽지 못한 기술은 아무리 정교해도 외면당한다.

AI 전략이란 완벽한 계획이 아니라, 실패를 분석하고 구조화하는 사고 방식이다. 실패는 멈춤이 아니라 방향 조정의 신호다. 실패한 경험이 많은 사람일수록, 더 정교한 전략가가 되어간다.

104. 혼자 공부하지 마라 – 협업의 힘

AI는 혼자 공부할 수 있는 분야처럼 보이지만, 진짜 성장하는 사람은 대부분 협업을 통해 배운다. 혼자서 모든 걸 이해하고 해결하려고 하면 속도도 느리고, 관점도 좁아진다. 반면 함께 공부하고, 함께 만들고, 함께 나누는 과정 속에서 실력은 훨씬 빠르게 자란다.

협업의 첫 번째 힘은 피드백이다. 내가 놓친 실수, 다른 사람의 더 나은 접근, 의외의 질문이 나의 한계를 넓혀준다. 공부할 때는 몰랐던 것들이 누군가와 설명하고 토론하는 순간 명확해진다. 지식은 나눌수록 더 깊어진다.

두 번째는 책임감이다. 혼자 할 땐 미루던 공부도, 팀을 이루면 '기다리는 사람이 있다'는 생각에 자연스럽게 실행하게 된다. 스터디 그룹, 프로젝트 팀, 해커톤, 온라인 커뮤니티 등 다양한 협업 구조를 적극적으로 활용해보자. 혼자 할 때보다 더 높은 몰입과 지속성을 경험하게 된다.

세 번째는 기회 확장이다. 혼자서 쌓은 실력은 내가 말하지 않으면 드러나지 않지만, 협업을 통해 만난 사람들은 나를 알리고 연결시켜주는 '기회의 통로'가 된다. 좋은 팀은 실력과 기회를 함께 성장시키는 환경이다.

AI는 혼자 공부할 수 있는 분야지만, 혼자 성장할 수 있는 분야는 아니다. 함께 배울 수 있는 사람, 함께 성장할 수 있는 팀을 만든다면 당신의 속도와 깊이는 완전히 달라질 것이다.

105. 끈기 있는 사람이 결국 살아남는다

AI 분야는 화려해 보이지만, 실제로는 오래 버티는 사람이 이기는 분야다. 신기술이 쏟아지고, 새로운 도구가 매일 등장하고, 학습할 것도 넘치지만 정작 중요한 건 꾸준함이다. 끈기 있는 사람만이 AI 실력을 '지식'이 아니라 '기술'로 바꿀 수 있다.

처음에는 누구나 흥미롭다. ChatGPT도 재미있고, 자동화도 신기하고, 논문도 읽어보고 싶다. 하지만 몇 주 지나면 진도는 더뎌지고, 에러는 반복되고, 결과는 나오지 않는다. 이때 대부분이 포기한다. 끈기란 포기하고 싶은 순간을 통과하는 기술이다.

AI는 성과가 바로 드러나지 않는다. 오랜 시간 시행착오를 거쳐야 하고, 실력이 쌓여야만 비로소 이해가 깊어진다. 한 문장, 한 코드, 한 모델을 반복해서 실험해보고, 실패를 견디는 시간 속에서 진짜 실력이 만들어진다. 끈기는 결과보다 '과정의 질'을 만든다.

끈기를 유지하는 방법은 단순하다. 작게 시작하고, 작게 성공하고, 그걸 기록하면서 가는 것. 매일 30분, 매주 한 번, 한 챕터씩. 나만의 루틴과 리듬을 유지하면 '되는 사람'이 되는 것은 시간문제다. 중요한 건 타인의 속도가 아니라 내 속도로 끝까지 가는 힘이다.

결국 AI 시대에 살아남는 사람은 똑똑한 사람이 아니라, 끝까지 남아 있는 사람이다. 끈기 있는 사람만이 기술을 넘어 진짜 전문가가 된다.

106. 전문가의 기준은 타인의 평가가 아니라 자기 책임

우리는 흔히 전문가를 '많이 아는 사람' 또는 '높은 평가를 받는 사람'이라고 생각한다. 하지만 진짜 전문가의 기준은 타인의 평가가 아니라, 자기 행동에 대한 책임을 지는 사람이다. 지식은 공유할 수 있어도, 책임은 오직 자기 몫이다.

전문가는 결과를 말하지 않는다. 과정을 선택하고, 그 선택에 책임을 진다. AI 프로젝트가 실패했을 때 변명하지 않고, 문제를 다시 정의하고 방법을 바꾸는 사람. 기술이 잘못된 방향으로 쓰일 수 있다는 걸 알고, 그에 대한 대비책을 고민하는 사람. 그것이 전문가의 태도다.

타인의 평가를 좇기 시작하면 방향이 흔들린다. 더 잘 보이려고, 더 인정받으려고, 때로는 본질보다 포장에 집중하게 된다. 하지만 전문가란 '자기가 옳다고 믿는 방향'을 위해 묵묵히 나아가는 사람이다. 결과보다 중요한 건 과정에 대한 주인의식이다.

전문성은 실력이 아니라 책임감에서 시작된다. 어떤 기술을 배웠는가보다, 그것을 어디에 어떻게 쓰는지를 고민하는 사람. 어떤 일을 맡았는가보다, 그 일에 대해 끝까지 책임지는 사람이 진짜 전문가다.

당신의 성장을 결정하는 건 남들의 눈이 아니라, 당신의 내면이 향하는 방향과 태도다. 평가보다 책임, 타인보다 내 기준. 그것이 전문가로 살아가는 첫걸음이다.

107. 포기하고 싶은 순간을 버티는 방법

누구에게나 있다. '이 길이 맞는 걸까?', '이제 그만둘까?' 싶은 순간. AI를 공부하면서, 프로젝트가 잘 안 풀릴 때, 아무도 내 노력을 알아주지 않을 때, 그런 생각이 찾아온다. 그런데 그 순간을 지나온 사람만이 진짜 성장의 문을 연다. 포기하고 싶은 순간을 '버티는 힘'이 곧 전문가의 자격이다.

첫 번째 방법은 작은 이유 하나를 기억하는 것이다. 처음 시작할 때 가졌던 기대, 호기심, 열정 중 하나만 떠올려도 다시 나아갈 수 있다. "나도 GPT로 무언가 만들어보고 싶었지", "내 글이 누군가에게 도움이 되면 좋겠지" 같은 작은 불씨가 다시 발걸음을 움직인다.

두 번째는 혼자 있지 않는 것이다. 포기하고 싶은 마음은 고립 속에서 커진다. 누군가와 함께 공부하고, 이야기하고, 때로는 하소연할 수 있는 사람이 곁에 있다는 것만으로도 버틸 수 있다. 관계는 버팀목이자 거울이다. 나의 가능성을 함께 믿어주는 사람과 연결되어 있으라.

세 번째는 성과가 아닌 '행동'을 기록하는 것이다. 오늘 내가 실습한 코드, 정리한 글, 시도한 모델. 그것들이 비록 작아 보여도 기록되기 시작하면 '나는 계속 가고 있다'는 확신을 줄 수 있다. 작은 실행이 쌓이면 큰 자신감이 된다.

포기하고 싶은 순간은 누구에게나 온다. 하지만 그 순간을 어떻게 지나가느냐는 각자의 선택이다. AI 시대의 진짜 실력자는 끝까지 가는 사람이고, 결국 살아남는 사람이다.

108. 일상에서 AI 감각 키우기

AI는 더 이상 연구실 안의 기술이 아니다. 지금 이 순간에도 당신의 스마트폰, 검색창, 이메일, 쇼핑몰, 영상 앱에는 수십 개의 AI가 작동하고 있다. 전문가가 되기 위한 첫걸음은 특별한 공부가 아니라, 일상에서 AI를 인식하는 감각을 키우는 일이다.

가장 쉬운 방법은 '이건 AI가 하고 있는 일일까?' 라는 질문을 던져보는 것이다. 유튜브 알고리즘 추천, 배달앱의 음식 추천, 스마트폰 사진 보정 기능, 이메일 자동완성 기능—all AI다. 이렇게 질문하고 관찰하는 것만으로도 AI에 대한 감각이 깨어난다.

두 번째는 실제로 써보는 것이다. ChatGPT에 일상 속 질문을 던지고, Notion AI로 업무를 정리하고, Midjourney나 Runway로 간단한 이미지나 영상을 만들어보자. 기능을 아는 것과 써보는 것 사이에는 커다란 차이가 있다. AI는 이론보다 사용에서 이해가 깊어진다.

세 번째는 비판적으로 바라보는 시선이다. '이 기능이 왜 이렇게 작동하지?', '이 결과가 정확하지 않은 이유는 뭘까?' 라는 질문을 던지며 AI를 관찰하면, 단순한 사용자에서 진짜 '전문가의 관점'으로 전환된다. 감각은 사고에서 시작된다.

AI는 특별한 순간에만 적용되는 것이 아니라, 일상 속 수많은 의사결정과 행동 속에 녹아 있다. 그 흐름을 읽고, 참여하고, 활용하는 습관이 진짜 실력을 만든다. 당신이 지금부터 AI를 대하는 태도 하나하나가, 미래의 경쟁력이 된다.

109. 매일 실천하는 '작은 혁신'

인공지능 시대에 혁신은 거창한 기술이나 거대한 프로젝트에서만 일어나는 것이 아니다. 진짜 혁신은 매일 반복되는 일상에서 작게, 그러나 꾸준히 일어나는 변화다. 이른바 '작은 혁신'이다. 그리고 그것은 누구나, 지금 당장 시작할 수 있다.

작은 혁신의 시작은 일상의 자동화다. 반복되는 업무를 Notion, Zapier, ChatGPT, 엑셀 매크로 등으로 조금씩 줄여보는 것. 예: 매일 작성하던 보고서를 자동 요약하거나, 고객 응대용 문장을 GPT로 정리하는 것. 이처럼 불필요한 수작업을 줄이는 것만으로도 나의 생산성은 눈에 띄게 달라진다.

두 번째는 학습 방식의 변화다. 종이책을 넘어 유튜브, 뉴스레터, AI 튜터를 활용하고, 읽는 것에서 '요약하기'와 '실습하기'로 학습을 전환하는 것도 혁신이다. 중요한 건 '양'이 아니라 습관을 바꾸는 방향이다. 나에게 더 맞는 학습 루틴을 설계해 보자.

세 번째는 말하는 방식의 변화다. 회의에서 AI를 예시로 들어 설명하고, 블로그에 기술 기반 콘텐츠를 쓰고, 지인에게 도구를 추천하면서 '내가 아는 것'을 공유하는 습관을 들여보자. 표현하는 순간부터 내 지식은 자산이 된다.

작은 혁신은 크지 않아도 된다. 하지만 그것이 매일 쌓이면, 1년 뒤에는 전혀 다른 사람이 되어 있을 수 있다. 변화는 작지만, 실천은 크다. 매일 1%씩만 바꾸면, 그 사람은 결국 세상을 바꾸는 사람이 된다.

110. AI는 기술이 아니라 삶의 철학이다

처음엔 단지 신기했다. 말을 알아듣는 인공지능, 자동으로 요약하고 번역해주는 도구, 창작까지 가능한 생성형 AI. 하지만 점점 깨닫게 된다. AI는 단지 기술이 아니라, 우리가 세상을 살아가는 방식 자체를 바꾸는 철학이라는 사실을.

AI는 우리에게 끊임없이 묻는다. "당신은 반복 작업을 계속할 건가요, 자동화할 건가요?", "정보를 그대로 소비할 건가요, 해석하고 활용할 건가요?", "기술을 두려워하나요, 동료로 받아들이나요?" 이 질문들 속에서 우리는 나의 일, 나의 지식, 나의 태도를 다시 정의하게 된다.

AI는 선택이다. 도구로 쓸 수도 있고, 방향을 잃게 만들 수도 있다. 그 차이는 결국 어떤 철학을 가지고 AI를 바라보느냐에 달려 있다. AI는 우리 삶의 효율을 높이지만, 동시에 더 중요한 가치—시간, 창의성, 관계, 의미—를 재조명하게 만든다.

우리는 인공지능 시대에 단순히 '새로운 기술을 배운 사람'이 아니라, 새로운 사고방식을 가진 사람이 되어야 한다. AI는 빠르게 움직이지만, 그 안에서 내가 지켜야 할 느림과 깊이, 인간다움이 무엇인지 되묻게 한다. 기술은 변하지만, 철학은 방향을 지킨다.

AI를 잘 쓴다는 건, 결국 자기 삶을 더 잘 설계한다는 뜻이다. 기술을 넘어서 삶을 바라보는 사람, 그 사람이 진짜 AI 전문가다.

111. 당신도 할 수 있다, 진짜 전문가

이 책을 여기까지 읽은 당신은 이미 준비된 사람이다. 지식이 부족해도 괜찮고, 경력이 없어도 괜찮다. 중요한 건 포기하지 않고 계속 배우고, 시도하고, 성장하려는 마음이다. AI 시대는 능력 있는 사람이 아니라, 움직이는 사람에게 열려 있다.

처음엔 누구나 낯설다. GPT도 어렵고, 프롬프트도 헷갈리고, 용어도 생소하다. 하지만 하나씩 익히고, 정리하고, 반복하는 사이 당신은 어느새 'AI를 활용할 줄 아는 사람'에서 'AI로 인생을 개척하는 전문가'로 성장하게 된다. 전문가란 결국, 그렇게 하루하루 쌓아가는 사람이다.

무엇보다 중요한 건 '자격'이 아니라 '의지'다. 이 책을 읽는 당신은 이미 그 의지를 가졌고, 이 지식을 자기 삶에 적용할 힘이 있다. 그리고 그렇게 변화된 당신은, 누군가에게 또 다른 길잡이가 될 수 있다. 지금의 배움이 언젠가는 누군가의 방향이 된다.

당신은 할 수 있다. 이미 해내고 있고, 앞으로 더 성장할 것이다. AI는 도구이지만, 당신의 선택이 곧 전문성을 만든다. 진짜 전문가란, 더 많이 아는 사람이 아니라, 더 많이 나누고 책임지는 사람이다. 바로 당신처럼.

판권

종이책 : 값 22000 원

초판 인쇄: 2025년 5월 20일
초판 발행: 2025년 5월 20일

지은이: 김병완
발행인: (주)플랫폼연구소

출판등록: 제 2020-000075호

전화: 010-3920-6036 / 02-556-6036
이메일: pflab2020@naver.com

주소 : 서울시 강남구 삼성동 152-59 정목빌딩 3층

ISBN 979-11-91396-20-1